主　　编　林仁华　张辉灿
分册编著　孔德骐

U0729668

劈波斩浪逐荷夷
郑成功收复台湾

广西科学技术出版社

图书在版编目（CIP）数据

郑成功收复台湾 / 林仁华，张辉灿主编. —南宁：广西科学技术出版社，2012.8（2020.6重印）

（中外战争传奇丛书）

ISBN 978-7-80666-465-0

Ⅰ. ①郑… Ⅱ. ①林… ②张… Ⅲ. ①郑成功收复台湾—青年读物②郑成功收复台湾—少年读物 Ⅳ. ① K248.405-49

中国版本图书馆 CIP 数据核字（2012）第 203211 号

中外战争传奇丛书
劈波斩浪逐荷夷
——郑成功收复台湾
林仁华　张辉灿　主编

责任编辑　赖铭洪		**封面设计**　叁壹明道	
责任校对　罗　宇		**责任印制**　韦文印	

出 版 人　卢培钊

出版发行　广西科学技术出版社

　　　　　（南宁市东葛路 66 号　邮政编码 530023）

印　　刷　永清县晔盛亚胶印有限公司

　　　　　（永清县工业区大良村西部　邮政编码 065600）

开　　本　700mm×950mm　1/16

印　　张　14

字　　数　181千字

版　　次　2012 年 8 月第 1 版

印　　次　2020 年 6 月第 6 次印刷

书　　号　ISBN 978-7-80666-465-0

定　　价　28.00 元

本书如有倒装缺页等问题，请与出版社联系调换。

主 编 的 话

　　国防教育是建设和巩固国防的基础，是增强民族凝聚力、提高全民素质的重要途径，是直接关系到国家安危和民族兴亡的大问题。我们国家对国防教育都很重视。早在抗日战争时期，毛泽东就把"国防教育"列为"实现坚决抗战的办法"之一。新中国成立后，又提出要在全国人民中间深入进行爱国主义教育和国防教育，号召大家"提高警惕，保卫祖国"。改革开放以来，邓小平同志多次强调要加强对公民特别是青少年进行国防教育，发扬爱国主义精神和革命英雄主义精神。江泽民同志对新形势下的国防教育有过一系列精辟的论述。他深刻指出："只要国家存在，就有国防，国防教育就要长期进行下去，作为公民的终身教育来抓。"他还强调"越是在和平建设时期，越要宣传国防建设的意义，克服和平麻痹思想，增强人民的国防观念"。

　　为加强和普及国防教育，提高全民的国防观念和军事科技素质，2001 年 4 月 28 日的《中华人民共和国主席令》（第 52 号）颁布了《中华人民共和国国防教育法》。《中华人民共和国国防教育法》明确规定："学校的国防教育是全民国防教育的基础，是实施素质教育的重要内容"，"小学和初级中学应当将国防教育的内容纳入有关课程，将课堂教学与课外活动相结合，对学生进行

1

ZHONGWAIZHANZHENGCHUANQICONGSHU

国防教育"，"高等学校应当设置适当的国防教育课程，高级中学和相当于高级中学的学校，应当在有关课程中安排专门的国防教育内容，并可以在学生中开展形式多样的国防教育活动"。

为了贯彻执行《中华人民共和国国防教育法》的规定，配合学校开展国防教育，提高学生的国防观念和素质，我们与广西科学技术出版社合作，特约中国军事科学院的十几位专家，编写了这套《中外战争传奇》丛书，陆续向全国发行。

这套丛书，是根据目前我国初中、高中历史课本和语文课本中提到的若干战争、战役，从中选择了一些对历史进程有重大影响的内容编写而成的。

这套丛书，在编写上有它自己的特色，即立意新颖，构思巧妙，选材精当，内容真实，主题明确，条理清晰，语言通俗，形式独特。每本书都以故事命题，由三四十个故事构成，人物和事件结合在一起，图文并茂，约13万字。每本书在前面都有一个内容提要，使读者一目了然地了解一场战争或一个战役的全貌。

在这套丛书的传奇故事中，主要是记述广大军民为谋求人民解放、民族独立、反抗侵略、保家卫国的光辉事迹。既有统帅、名将的高超谋略、英明决策和指挥艺术，又有广大官兵的英勇善战、不怕流血牺牲和积极的献计献策；既有用兵如神、出奇制胜的成功经验，又有一着不慎、满盘皆输的失败教训；既有集中兵力、以众击寡的常规韬略，又有以弱制强、以少胜多的制胜方略；既有屡战屡败、关键一仗取胜而决定战争命运的经验，又有连打胜仗、关键一仗败北而导致全军覆没的教训；既有居安思危、有备无患的经验，又有忘战必危、亡国亡军的教训，等等。这些内容丰富、情节生动、事迹感人、引人入胜的传奇故事，作者以生动、形象的描述，通俗的语言，流畅的文笔整理成书，奉献给读者。这对加强全民国防教育，使读者特别是青少年增长军

事知识，启迪谋略能力，发扬爱国主义精神，增强国防意识和爱军尚武思想，都会有极大的促进作用。

由于我们水平有限，对国防教育的需求了解不足，不当之处，在所难免。敬请读者和专家、学者及时提出批评、指正，以利我们在后续工作中改进。

林仁华　张辉灿

目录
CONTENTS

ZHONGWAIZHANZHENGCHUANQICONGSHU

ZHONGWAIZHANZHENGCHUANQICONGSHU

一、郑成功收复台湾战争概览

　　2012 年是我国民族英雄郑成功收复台湾 352 周年。为了纪念这位伟大的民族英雄，发扬中华民族的爱国主义传统，促进祖国统一大业早日完成，我们仅就这位民族英雄的历史功绩及收复台湾的经过作简要介绍。

　　352 年前，郑成功在极端困难的情况下，先是高举义旗，抵抗满族统治者的血腥屠杀，继而又同凶恶的荷兰殖民者作坚决的斗争。经过近一年的战斗，终于战胜了侵略者，收复了我国领土台湾，从而使遭受荷兰殖民者 38 年残酷统治的台湾同胞重新回到祖国的怀抱，这是具有重大历史意义和深远影响的历史事件。它打击了西方侵略者的嚣张气焰，打乱了它们殖民扩张的计划；它发扬了我国人民反抗外来侵略的爱国主义精神，宣告了我国领土的神圣不可侵犯，同时也表现了中国人民不畏强权和勇于克服困难的意志。时间虽已过去三百多年，但是今天重温这段历史，我们仍然感受到一种鼓舞力量。

　　352 年后的今天，我国神圣领土不可分割的一部分台湾，由于历史的原因，还没有与祖国实现完全统一。在那里，一些"台独"分子和分裂主义势力，在国外反动势力的支持下，妄图把台湾从祖国大家庭中分裂出去。这是多么令人痛心的事！看一下我

ZHONGWAIZHANZHENGCHUANQICONGSHU

们伟大祖国国家统一的历史过程及其发展规律，这种分裂国家的阴谋是永远不能得逞的。他们的倒行逆施，不仅祖国 14 亿人民不答应，台湾 2358 万同胞不答应，海内外所有华夏民族的后裔都是不答应的。我们了解先人的英雄业绩，熟悉伟大民族反对外来侵略的光荣历史，必将大大增强我们为完成祖国统一大业而斗争的信心和力量。

台湾海峡两岸的形势

台湾自古以来就是我国最大的岛屿，位于东海和南海之间，在祖国大陆东南 100 多千米的海疆，与福建省仅一水之隔。台湾全省包括澎湖列岛、钓鱼岛、赤尾岛、彭佳屿、兰屿、火烧岛等，面积共有 3.6 万平方千米。它是我国东南一大屏障，有重要战略地位，加之西面的海南岛，犹如祖国大陆南大门的两个卫士，时刻警惕着外敌的入侵。

台湾和台湾海峡在战略地位上十分重要。它北连福建省的平潭、马祖和浙江省的南北麂、大陈以至舟山群岛，南接福建省的东山、南澳和海南岛，以至南沙群岛，首尾相应，构成一座长达数千千米的海上长城。而台湾岛面积最大且居中央，被称为"东南之锁钥""七省（辽宁、河北、山东、浙江、江苏、福建、广东）之藩篱"。台湾海峡居于福建、广东、台湾三省之间，呈东北、西南走向，长 380 千米，平均宽 190 千米，最窄处只有 130 千米。海峡两岸有许多港口。西岸有福建的厦门、泉州、马尾、三都港，东岸有台湾的基隆、高雄等港。海峡中有澎湖列岛，是控扼台湾海峡的锁钥。因此，台湾海峡不仅是连接大陆与台湾的纽带，也是通往东海和南海的水路捷径，也是进出西太平洋的重要通道，有中国的"海上走廊"之称。

正因为台湾和台湾海峡具有如此重要的战略价值，所以历来受到外国侵略者的重视。从 17 世纪的荷兰、西班牙，到 19 世纪后期的英、法、德、美、日，无不觊觎和企图侵占台湾，其目的不仅仅是霸占和掠夺台湾的资源，更重要的是企图以此为基地，窥伺和侵略中国大陆。

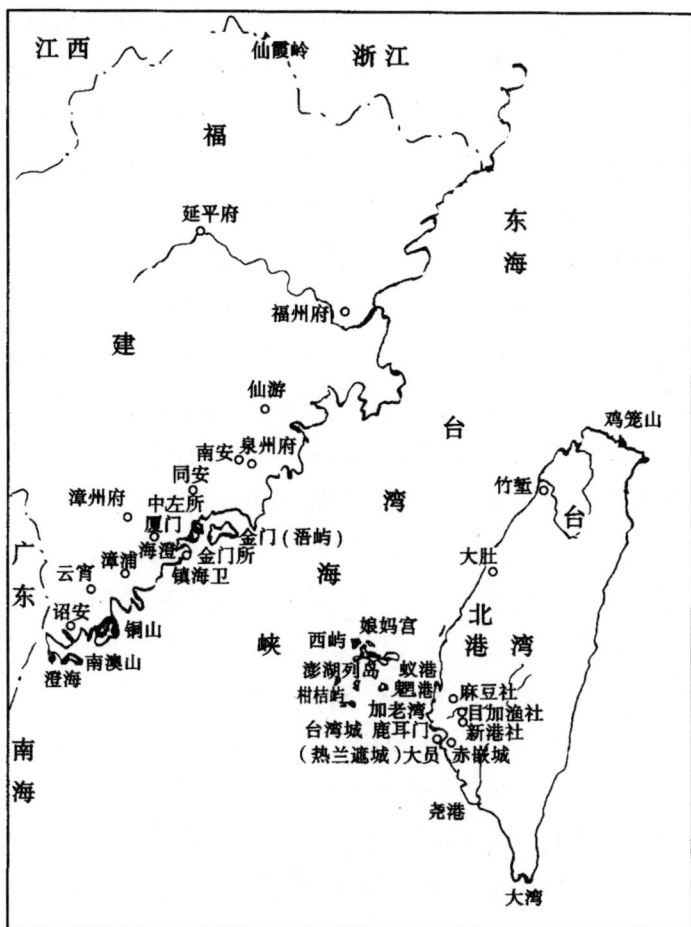

明末台湾海峡两岸形势图

荷兰殖民者的侵台暴行

从 16 世纪开始，随着西方殖民主义者的东侵，我国宝岛台湾也成为西方殖民者争夺的一块肥肉，它们无时无刻不在窥伺台湾。明朝万历二十三年（公元 1595 年），荷兰人首次东来，先是侵占爪哇，后又与葡萄牙人争夺我国的澳门。万历三十二年（公元 1604 年），荷兰舰队司令韦麻郎率兵侵入澎湖，被明朝都司沈有容率兵击退。天启四年（公元 1624 年），荷兰的殖民机构东印度公司（驻印度尼西亚）又派马尔登·宋克率战舰"热兰遮"号侵入澎湖，被明朝福建巡抚南居益击退。但是，荷兰侵略者并不甘心，乘明末政治腐败、军备废弛之机，又令宋克率军舰 13 艘，于 1624 年在台湾西南部登陆，尔后逐步侵占全岛，进驻水陆军 2000 多人，开始了对台湾长达 38 年的殖民统治。

荷兰殖民者对台湾人民的统治是十分残酷的。在经济上，他们将台湾同胞的农田霸为己有，收取每甲（折合 74 平方千米）高达 18 石的地租，同时还收取每丁每年 3.37 万盾的人头税。高山族、汉族同胞外出打猎也要纳税，甚至连他们猎获的鹿皮也要归荷兰殖民者所有。在政治上，他们将整个台湾置于其殖民机构"评议会"的统治之下。为了控制台湾人民，实行什么"结首"制度，把数户或数十户台湾同胞编在一起，叫做"一小结"，指定一人为"结首"；再把若干"小结"组成"一大结"，也指定专人为"结首"。他们通过这种组织形式，对台湾同胞实行严密控制和政治压迫。为了在精神上奴役台湾同胞，荷兰侵略者还在台湾设教堂，强迫台湾同胞做礼拜，学荷兰文，妄图把整个台湾"荷兰化"。就这样，荷兰殖民者将政治、经济、宗教、特务统治结合在一起，给台湾同胞套上了沉重的枷锁，将他们置于痛苦的

深渊。

台湾同胞忍受不了殖民者的暴虐统治，曾于明朝天启四年（公元1624年）、崇祯元年（公元1628年）发起过多次反抗斗争，特别是清朝顺治七年（公元1650年）郭怀一领导的起义，都给侵略者以沉重的打击。这些起义虽然在侵略者的血腥镇压下失败了，但却显示了中国人民反对外来侵略的强大力量和英勇斗争精神。处于水深火热中的台湾同胞，渴望得到祖国人民的支援，早日收复台湾，驱逐荷兰侵略者。

郑成功决策收复台湾

郑成功（公元1624～1662年），福建南安人，出生在日本，7岁回国，至22岁已是能文善武的栋梁之才，是明清之际的军事家、民族英雄。当时由于受到南明隆武皇帝朱聿键的倚重，又对父亲邓芝龙的降清十分不满，使他决心高举义旗，担负起了抗清的重任。

南明永历十三年（公元1659年），郑成功三次北伐，节节胜利，只是最后围攻南京失败。他深感金门、厦门只是"弹丸之地"，不堪长守，便产生了收复台湾、扩建新的根据地的想法。恰在此时，郑成功父亲的老部下何廷斌从台湾来到厦门，他向郑成功献计，说台湾沃野千里，可以作为根据地，是一个大有发展的好地方，并把事先准备好的台湾军事地图交给郑成功。郑成功看后，大为所动，遂初步决定收复台湾。次年，召集诸将和文武官员讨论进军台湾问题。他认为：收复台湾，可以连金、厦而抚诸岛，还可以广通外国，训练七年，进则可战而复中原之地，退则可守而无内顾之忧。于是，郑成功作出了亲征台湾的重大决策。这是一个十分正确、同时又非常英明的决策。

ZHONGWAIZHANZHENGCHUANQICONGSHU

自从郑成功决策东征、准备进攻台湾之后，便从多方面加紧进行渡海登陆作战的准备。首先是筹备粮饷。主要从福建、广东、浙江各地征集和购储，设有专职食官负责；还有一部分是通过海上贸易从南洋各国进口的粮食和军用物资；同时还委托何廷斌在台湾秘密筹集一部分捐款。其次是练兵、造船。东征以前，郑成功的军队有陆师、水师两大部分，陆师还分步兵、骑兵、炮兵等兵种，所编大刀队、铁人军、弓箭手、藤牌军等都是战斗力很强的部队。因为出师台湾主要靠水师，所以郑成功尤为重视组建水师，所用战船有水船、犁船、沙船、水底烦等。大者长 33.3 米、宽 8.25 米、高 4.95 米，载重 150～200 吨。在出师前，郑成功的水、陆师达 70 多镇，总兵力达 24 万多人。为了对付西洋大炮，郑成功也铸造多种铳、炮，有一种副龙烦，长 1.36 米，重达 82.5 千克。经过训练的郑军兵士，个个胆勇俱全；水师战船亦"进退以法""矫捷如飞"。

经过周密准备，郑成功决定亲自统率大军东征，遂令其子郑经留守厦门，命郑泰防守金门。他把东征兵力编成两个梯队：第一梯队，编战船 100 多艘、将士 2 万多人，由他亲率；第二梯队，由左冲镇黄安、前冲镇刘俊等统率，随后接应。一切准备工作就绪后，郑成功于南明永历十五年（清顺治十八年，公元 1661 年）二月移辕于金门，将第一梯队集中到料罗湾，候命出发。

荷兰殖民者早就担心郑成功迟早要收复台湾，所以也采取了一系列的作战准备措施。公元 1660 年，荷兰侵略者从巴达维亚（今印度尼西亚雅加达）调来 12 艘（实际上只留下 4 艘）战船和 600 多名士兵，增防台湾，从而使荷兰侵略军总兵力增加到 2800 人；同时还决定延长士兵的服役年限，不准退伍，不准回国。荷兰驻台长官弗里第里克·揆一还下令，为了"准备抵抗"郑成功的军队，要求把散存各地的米谷、火药、木材等物资运入台湾城

内储存起来。在作战方面，揆一准备在郑成功进军台湾时采取固守的方针，所以他把主要兵力配置在台湾城（安平镇）和赤嵌楼（台南）两大要点。前者兵力 1140 人，由揆一率领；后者 500 人，由荷兰将领描难实叮率领。为了掌握郑成功军队的动向，揆一还通过传教士、商人、渔民到厦门刺探情报。殖民者特别害怕台湾各族人民里应外合，配合郑成功的军事行动。为此，揆一规定：不准台湾居民与中国内地贸易，不准渔民下海捕鱼，不准与内地通信、通航，并强迫台湾同胞迁到台湾城居住，以便控制。狡猾的侵略者知道鹿耳门港是郑军登陆的必经航道，早将破船沉入鹿耳门海底，以加大郑成功军队渡过这个天险航道的难度。

台海大战赶走侵略者

南明永历十五年（清顺治十八年，公元 1661 年）三月初一（3 月 30 日），郑成功率师在金门"祭江"，举行隆重的誓师仪式。二十三日（4 月 21 日），船队放洋入海。二十四日（4 月 22 日）晨，大军到达澎湖列岛。在岛上，他们克服了种种困难，至三十日（4 月 28 日）待信风有利和大潮到来时，船队一夜进至鹿耳门港。四月初一（4 月 29 日）中午，巧妙地渡过鹿耳门天险，然后分兵两路：一路登上北线尾岛，一路驶入台江水面。

郑成功军队进入台江水域后，躲开了台湾城上的炮火拦截，沿着预先测探好的线路鱼贯而入，切断了荷军赤嵌城与台湾城的联系，迅速地从禾寮港登陆，受到了台湾同胞的热烈欢迎。赤嵌城守将描难实叮发现郑成功军队如潮水般涌来，惊叹大军"自天而降"，吓得急回城内，并向台湾城内的荷兰头目揆一求援。揆一派阿尔多普上尉率 200 名士兵东出增援，爬上岸的 60 名援兵，被郑成功的"铁人"军用大刀狠狠砍死，剩下的由阿尔多普带领

7

ZHONGWAIZHANZHENGCHUANQICONGSHU

逃回台湾城。赤嵌城被围三天，水源亦被郑军切断，城内"力量单薄，处境危急"。四月初四（5月2日），守军头目描难实叮欲降，并派人与郑成功谈判。

在台江水面，郑军用战船狠狠地打击荷军战舰。荷军战舰船体较大，设备先进，船长100米，宽20米，厚0.075米，树五支桅杆，分上中下三层，配置铁炮长达7米。然而，船体较小的郑军水军，个个奋勇争先。他们驾着60艘大型中国船包围了荷军，用火炮击沉了荷军"赫克托"号；又同荷军"斯·格拉弗兰"号和"白鹭"号展开接弦战、肉搏战，砍断其船索，发起火攻，使其受重创而逃跑，其他荷舰亦吓得一溜烟逃往巴达维亚去了。台江海战又取得胜利。

这时，荷兰头目还派贝德尔上尉（又名拔鬼子）率兵240人从陆地抵抗在北线尾岛登陆的郑军。北线尾只不过是一个不到1平方千米的沙洲。汤马斯·贝德尔率兵240人，从台湾城乘船前来登陆后，又分成两路向郑军杀来。他们猖狂叫嚣："中国人受不了火药的气味和枪炮的声音""25个中国人合在一起还抵不上一个荷兰兵"。郑军在陈泽的率领下，个个如猛虎下山，英勇顽强，箭如骤雨，铺天盖地攻去：一部分正面迎击，一部分迂回到敌方后侧突袭。荷兰士兵个个恐惧万分，纷纷丢下枪支，抱头鼠窜，落荒而逃。郑成功在登陆作战中又取得了胜利。

荷军水陆战败，阿尔多普出援赤嵌城也被迫返回，赤嵌城内的描难实叮深感绝望，于四月初六（5月4日）献城投降。

四月初七（5月5日），郑成功移辕鲲身山，命令攻打荷军最后一个据点台湾城。荷兰驻台长官弗里第里克·揆一慌了手脚，派人出来谈判，因其不想放弃城守，而被郑成功拒绝。揆一妄图凭坚城、用火炮固守，并向巴达维亚求救。郑成功鉴于台湾城坚固，强攻一时难以奏效，为了减少伤亡，进一步做好准备，便决

定采取参军萧拱宸的建议，改用"久困长围"战法，筑堡垒、备火炮。同时，为了防止敌人从海上逃跑和阻止其援军到来，郑成功又命第二梯队向台湾进发。五月初二（5月29日），在黄安、刘俊、颜望宗、胡靖、陈瑞、陈璋等将领的率领下，六镇将士6000多人乘船抵达台湾城外海。

不久，巴达维亚荷兰当局派雅科布·考乌率10艘战舰、700名士兵抵台增援，经郑军拦击，只有4艘战舰到达。揆一遂分水、陆两路向郑军发起进攻，结果皆被击败，再不敢轻举妄动；荷军还企图联合清军共同对付郑成功，所派头目考乌却半路偷偷逃回巴达维亚去了。十月，台湾城荷军缺粮，疾病流行，兵士士气低落。十二月初六（1662年1月25日），郑成功下令攻城。揆一献城投降。至此，被荷兰殖民者占领了38年之久的台湾，又回到了祖国的怀抱。

作战特点和胜利原因

郑成功收复台湾的战争，是我国海战史上规模最大、距离最远而又指挥出色的一次成功的渡海登陆作战。这次渡海作战，在作战指挥上有四大特点：

一是准确掌握台湾情况，做好充分的作战准备。郑成功通过何廷斌和所有过往船只，对台湾及作战区域的地形、天候、潮汐、航道、风向以及荷兰军队的兵力、设防、武器装备等，都有周密的侦察和了解。从己方来说，从筹粮练兵、扩建水师、打造兵器等，到多次与诸将讨论征台决策、作战方案，对收复台湾有了充分的物质准备和精神准备。

二是注意保密，隐蔽作战意图。荷兰驻台长官揆一曾多次派间谍或以谈判为名，到厦门刺探军情，但由于郑军上下注意保

密，使其如盲如瞽，摸不着头脑。郑军水师破鹿耳门天险而入，赤嵌楼守军头目"骇为兵从天降"。

三是巧妙利用天候和正确选择登陆场。郑成功巧渡鹿耳门港时，选在初一大潮时航渡，顺利地通过了敌沉船障碍；围攻台湾城的决战，选在东北信风过去和敌人派人赴巴达维亚求援困难之时，也是十分有利的。鹿耳门港水浅、港窄、礁多，并有沉船堵塞，所以敌人疏于防守，郑成功就选择此航道入台江，完全出敌意外，一举成功。在禾寮港、北线尾岛两地同时登陆，既可以分散荷军的兵力，也有利于取得台湾同胞的支援，对作战十分有利。

四是集中兵力，围城打援。郑军驶入台江后，荷军派两艘战舰和两艘小艇阻击，郑成功则以60艘战船的强大优势将荷军击败。北线尾岛作战，荷方派240名士兵上陆，郑军主力势不可挡，仅迂回至敌后的兵士就有七八百人之多，经前后夹击，一举取胜。荷兰人称之为"海上堡垒"的台湾城，则是在被围八个月、击退援军和城内弹尽粮绝的情况下被攻破的。

郑成功渡海作战之所以取胜，除了上述出色的作战指导外，还有以下原因：

一是战争的正义性和人民群众的支持。郑成功义正辞严地对荷兰殖民者宣布："该岛一向是属于中国的""把它归还原主，这是理所当然的事"，就连荷兰驻台头目揆一在写回忆录《被忽视的福摩萨》时，也不得不承认这一点。荷兰殖民者在台湾犯下了滔天罪行，早已激起了当地高山族同胞和汉族人民的激烈反抗。他们急切盼望祖国派兵驱逐侵略者。郑成功收复台湾，完全符合台湾同胞和中华民族的利益。所以，这次作战，自始至终得到沿海各地人民和台湾人民广泛有力的支持，连岛上被荷兰殖民者贩运来的黑人奴隶也加入了斗争的行列。郑成功军队一登陆，台湾

郑成功收复台湾

ZHONGWAIZHANZHENGCHUANQICONGSHU

同胞饭菜壶浆相迎，到兵营中慰问，同心协力，共同抗敌，这是郑成功收复台湾取得胜利的根本原因。

二是正确的战略决策。在酝酿收复台湾的过程中，抗清名将张煌言等，曾激烈反对，认为"区区台湾"，不值得兴师征讨。郑成功则认为，三次北伐失败，郑军损失巨大，人力、物力消耗到极限，根据地金、厦也是人尽财空。因此，要完成复兴大业，必须开辟新的基地。从当时全国抗清形势看，永历政权在西南已经退得无立足之地，清军在东南沿海更是步步进逼，金、厦已难久守。而台湾沃野千里，正是理想的新的抗清基地。所以，郑成功以高度的战略眼光，作出了东征台湾的英明决策。

三是政治争取和军事打击相结合。在每次战役、战斗中，郑成功都以武力为后盾，巧妙利用"劝降""谈判"这个武器，减少了损失，达到了以小的代价换取大的胜利的目的。

四是后勤保障有力，及时解决粮饷供给。郑成功始终把筹粮、措饷看作必胜的条件。他派杨英等官将专门解决粮饷问题，还委托何斌秘密地在台湾解决了大批饷税，更主要的是每到一地都依靠广大群众解决，从而保证了作战的需要。

郑成功收复台湾，是中国人民反对西方殖民者的第一次伟大胜利，他驱逐了荷兰侵略者，维护了中华民族的利益，捍卫了中国主权和领土完整。同时，还促进了台湾的开发和建设，密切了台湾与大陆的关系，进一步繁荣了海上贸易，也鼓舞和支持了亚洲各地人民反帝反殖的伟大斗争。因为这是我国军事史上第一次成功的大规模渡海登陆作战，在战争准备、战斗编组、作战指挥、后勤补给及作战时机的选择等方面，都创造了许多成功经验，对以后的类似作战具有十分重要的借鉴作用。

二、郑成功的童年和成长

日本有块"儿诞石"

明朝天启四年（公元 1624 年）七月十四日，正是盛夏转早秋的换季时节，东海的碧涛狂澜依然击打着台湾的东岸和西岸。就在此时，在大海彼岸的日本（古时又称"扶桑""东瀛"）平户（今长崎松浦郡）的一个山村里，传来了刚脱离母胎的婴儿的哭声，这个男儿就是后来成为中华民族民族英雄的郑成功。据闽海郑亦邹著的《郑成功传》记载，郑成功出生的那天夜里，生郑成功的那个庭院里"万火齐明"，渔民百姓都来到门外大喊"救火"。郑成功的父亲郑芝龙把大门打开，对来人说，哪里有火？去救火的人面面相觑，无不感到惊奇。郑芝龙赶忙上前解释："大概是我夫人临盆，灯光四射所致。"众人听后，纷纷祝贺，说："原来是你有了个儿子，您这儿子真不寻常，一出生就能惊动四邻，将来必将是大有出息之人！"当然，这只不过是一种传说而已。

有的书里还记有另一种传说，说郑成功的母亲田川氏十分喜欢大海，经常到海边游逛，捡些贝壳、小鱼、小虾之类的东西。

13

生郑成功这一天，她正好出去赶海，忽然腹痛难忍，大汗淋漓，突然之间将儿子降生在一块大石头上。后来，郑成功成了享誉中外的名人，众人给这块石头起了个名字叫"儿诞石"，以后又命名为"郑公石"，成为至今有名的古迹名胜。因这石头正处在松林之中，而郑成功的父亲郑芝龙又是福建人，两层意思合在一起，故给儿子起了个名字叫"福松"。

郑成功的父亲郑芝龙为什么跑到日本去了呢？又为什么和一个日本女子结婚呢？话得从头说起。

郑芝龙远祖是河南荥阳人，相传在西晋永嘉年间（公元4世纪初）南迁，后定居在福建沿海一带。其中一支定居在福建泉州南安县石井乡（今石井镇）。郑芝龙是石井郑氏家族的第十一代子孙。他的同胞兄弟还有二弟芝虎、三弟芝凤（后改名鸿逵）、四弟芝豹。

郑芝龙（？～公元1661年），字飞黄，因排行老大，按照当地习俗被称为"一官"。他从小聪慧过人，但不愿苦读，而弄拳舞棒、吹拉弹唱、嬉戏玩耍倒高人一等。据载，他10岁时，在路边投石子将太守蔡善继的帽子给击中了，遂即被抓人官府问罪。父亲郑绍祖带着儿子前去说情，蔡太守一看，芝龙眉清目秀，一表人才，称赞不止，便放走了事。芝龙从此产生离家出走的念头，加之福建山多地贫，生活难熬，遂于18岁那年跑到澳门投奔舅父黄程去了。

舅父黄程以在海上经商为业，经常驾船往来于澳门、日本和南洋各地。明天启二年（公元1622年），芝龙随舅父商船到达日本平户。他在平户落脚后，寄居在中国商人李习家中，还被收为义子。这十八九岁的男子，仪表堂堂，体格魁梧，甚为出众。当时长岛很有声望的贵族田川氏家族内有一女子，十七八岁，容貌秀美，如花似玉，因其父也是中国人，所以她还能说些似通不通

的中国话。郑芝龙与之相见，二人彼此情投意合，不久便成为结发夫妻。郑芝龙与田川氏结婚一年多，便生下了他们第一个孩子，就是前边说的那个小"福松"，即郑成功。

当时在日本还有一个有名的海盗叫颜思齐，是福建海澄人，因都是同乡，便很自然地与郑芝龙相识。其之所以被称其为"盗"，是因为明朝末年政治腐败，民不聊生，一些人被生活所逼而出海谋生。他们漂泊海上，面对惊涛骇浪和明朝政府的迫害，以及海上日本和西方一些海盗的袭击掠夺，也只好被迫自卫、拿起武器，有些劫掠行为，故称之为"盗"。郑芝龙结识的颜思齐是个十足的江洋大盗。他经营海上多年，不仅成为巨富，而且还联合交往了20多个好友密谋反抗日本德川幕府，不幸事泄，便逃到台湾，重建活动基地。郑芝龙当然也在其中。这时，郑成功才一岁，他在日本和母亲田川氏相依为命，过着并不富裕的生活。

颜思齐等到台湾登陆扎营，遂一面陆上耕作，一面海上贸易，袭掠往来商船，还有一些武器。好景不长，不到一年，颜思齐撒手西归，群龙无首。诸弟兄"割牲而盟，以剑插米"，于是众弟兄依次跪拜，推举郑芝龙为首领。芝龙见此状，也就不再推辞，只好不负众望，带领大家打造兵器，置办旌旗，招兵封将，拉起一支不大不小的武装队伍。他以台湾为基地，闯荡于福建沿海，经常出兵袭击明朝的官军。官军屡战屡败，明朝官吏只好用招抚一法诱其投降。郑芝龙是个与生俱来的投机分子，为了保住自己的财富和家园，他于崇祯元年（公元1628年）接受了明朝福建巡抚熊文灿的招抚，率众于泉州投降，熊文灿果不食言，遂用其为游击将军。由于郑芝龙剿捕李魁奇、刘香、杨六、杨七等几股海盗和反击"红毛番"（荷兰殖民者）有功，不久，熊文灿又提升他为总兵。他的同胞弟兄芝虎、鸿逵、芝豹及其他族人，也都被封为官。

ZHONGWAIZHANZHENGCHUANQICONGSHU

当时的台湾、福建及附近海域，基本都控制在郑芝龙手中。他垄断了台湾海峡的贸易，过往商船不得郑氏令旗不准通过，更不准靠岸停泊，并课以重税，每船收银3000两，每年收入上千万计。他拥有部众2万有余，船千余艘。他在家乡安平镇筑起城堡并有重兵防守。就这样，郑芝龙成为东南沿海威震八闽的富商、地主和大官僚、大军阀，而他的妻子田川氏、儿子小福松，却还在大海彼岸过着平淡如常的生活。

挥泪告别母亲回祖国

郑成功出生、生长在17世纪初，当时的中国正处在一个内外危机日益加深、社会动荡不安的年代。大明王朝政治腐败，宦官专权，特务横行，使得民不聊生，全国各地无不布满了"干柴"，不断发生农民起义。那时，东北松花江流域的女真族崛起，在努尔哈赤的统率下，夺走了辽河以东的土地，并于明万历四十四年（公元1616年）建立起一个新的地方政权。这个政权叫"后金"，奉天命年号，它的建立严重地威胁着大明王朝的存在。明天启六年（公元1626年），努尔哈赤率兵西进，发起宁远之战，不幸身被炮伤，败退回沈阳，不治而死，其子皇太极即位。皇太极继承其父的未竟之业，寻机攻明，目标是进关迫京，入主中原。

在海上，西方殖民者东渐，不断地窥伺中国大陆。从万历二十九年（公元1601年）开始，荷兰殖民者就"驾大舰，携巨炮"，以贸易、通商为名，对我国沿海各地进行袭扰。天启二年（公元1622年）七月，荷兰驻巴达维亚总督庇得郡派军舰17艘侵占澎湖，后被明军驱逐。荷兰殖民者在澎湖战败后，又于天启四年（公元1624年）在台南登陆，侵占了我国的台湾省，而这年正是郑成功降生的那一年。所以，郑成功所处的时代，正是祖国人民

面对外来侵略奋起反抗和国内政治激烈动荡的时代。他之所以成就了一番伟大的事业，就是因为他在母亲的教育下，顺应了时代的要求，勇敢地担负起了时代所赋予的伟大使命。

小福松与母亲田川氏相依为命，一晃 7 年过去了。在这 7 年当中，母亲看着儿子福松一天天长大，经常领着他到海边捡拾贝壳、游玩。大海的波涛，不时冲击着这位夫人思念远方亲人的心。她手拉着儿子并指给他说："看，大海的那边是中国，那才是你的故乡！"同时还把自己所知有关中国的时局和古今故事讲给儿子听。郑成功听后，幼小的心灵便激荡不已，从而产生了热爱祖国、向往祖国的激情。田川氏对自己的儿子特别喜爱，她常把从郑芝龙和其他中国朋友那里学来的汉字教给郑成功。郑成功天资聪明，很快就会写、会背，使母亲感到特别的安慰。

少儿时期的福松，最喜欢在一起玩的小朋友是统太郎和阿兰。统太郎和阿兰是兄妹，他们的父亲就是前边提到的颜思齐。因为都是中国人，福松的父亲郑芝龙又跟颜思齐一起逃到福建、台湾去了，所以他们相互之间就显得特别亲近、特别要好。郑芝龙来往海上经商，后来有时也回过日本，所以福松还有个小弟弟叫次郎，有的书上称七卫左门。他们四人是最好的朋友，在一块玩的时候最多，也玩得特别开心。福松从小就富有正义感，当他看到村里玩耍的孩子有以大欺小、不公道的情况时，常常主持正义，见义勇为，站在被欺侮的孩子一边，所以左邻右舍的孩子都很亲近他、喜欢他。

郑芝龙逃离日本以后，一直很想念妻子田川氏和儿子福松。他几次派人去接他们，都遭到德川幕府的拒绝。直到公元 1630 年，郑成功七岁时，德川幕府听说郑芝龙已做了明朝的大官，在东南沿海成了首屈一指的人物时，才不得不放福松回国，但又无论如何不准田川氏到中国去。福松早有回中国的想法，可现在要

ZHONGWAIZHANZHENGCHUANQICONGSHU

"看，大海的那边是中国，那才是你的故乡！"

离开自己出生的地方，特别是离开和自己相依为命的慈母时，便禁不住放声痛哭。母子二人相互依偎，难舍难离。最后，母亲含着热泪把儿子送到船上，并一再叮嘱他回去后要用功读书，长大成人，光宗耀祖，报效国家。福松跪别母亲，发誓一定要按母亲的话去做。帆船徐徐开动了，福松眼含着热泪挥手向母亲告别，母亲泪涟涟地站在岸边为儿子送行，直到桅杆从视线中消失。就这样，相依为命的母子二人，就被水连着天、天连着水的大海无情地隔开了。前往码头送行的还有弟弟和好朋友统太郎、阿兰，他们也流着泪水向福松挥手告别。

父对子的殷切期望

郑成功走下船，一登上祖国的疆土，就被这美丽的山山水水所吸引。蜿蜒曲折的海岸，郁郁葱葱的山林，弯弯曲曲的江河，一望无际的平原，令人兴奋，令人神往。他心旷神怡地欣赏着眼前的这一切，比较着与大海彼岸的异同，感到这眼前的一切就像一幅幅色彩美丽的图画，这景象要比原来自己脑子里想像的要漂亮、可爱得多。

郑芝龙爱子心切，他带着儿子到南安石井拜谒了郑家祖祠之后，便把他安排在离石井不远的一座幽雅、宁静的花园书院里，叫他好好读书。郑芝龙在福建这边虽然也有妻室、儿女，但最疼爱的还是最早在日本生下的这个儿子郑成功。为了表达自己望子成龙的心情，郑芝龙又将郑成功的幼名"福松"改为"森"（字"名俨"，一说"明俨"），比喻栽的树还要浇水、修剪一样，期待其长大成才，光宗耀祖。从此，周围的人一见他便称"森舍"（舍，公子之意）。郑芝龙还专为儿子请了教师，教他学《诗》《书》《礼》《乐》等儒家经典。这时，郑成功正好7岁。

ZHONGWAIZHANZHENGCHUANQICONGSHU

郑成功天资聪颖，勤奋好学，读起书来有时连饭都顾不得吃。遇到困难时，他就想起母亲临别时的叮嘱，下定决心，一定要好好学习。其实，在回国后的很长时间内，他都时刻在思念着远在异国他乡的母亲，有时做梦也在翘首东望，仿佛看到慈母的尊容。母亲临别时对他的殷殷期望，成为郑成功经常鞭挞自己奋力进步的动力。他跟老师学了一年就能背诵《五经》《四书》了。儒家的仁义之礼、忠孝之道、道德伦常，在他思想上留下了深刻烙印。

面对大明王朝的内忧外患，老师结合史实阐释精微地向郑成功讲述屈原、文天祥、岳飞等爱国志士们坚贞不屈的民族气节和英勇斗争的崇高精神。这些在郑成功幼小的心灵里打下了深深的烙印。明崇祯八年（公元 1635 年），也就是在郑成功 12 岁时，他便开始学做文章。老师给他出了个题目叫《洒扫·应对·进退》，郑成功稍加思索便提笔写道："汤武之征诛，一洒扫也；尧舜之揖让，一应对、进退也。"文意开阔、深蕴，非一般人所能为。郑成功年纪不大，却有如此宏大的气魄和宽阔的胸怀，令老师和左右赞叹不已，拍案叫绝，说他将来一定会成就大事，一定会成为了不起的人物。然而，郑成功却虚怀若谷地说："其实我很笨，笨得像个木头疙瘩。不是吗，我叫郑森，一个木头还不够，还把三个木头摞在一起，那不是从头到脚都笨得像木头一样吗？"此话风趣横生，乐得老师和左右同学都捧腹大笑起来。

郑成功不仅能文，还喜欢读《六韬》《春秋》和孙吴兵法等兵书。他常把学到的知识讲给同学们听，什么姜太公辅佐武王伐纣、孙武吴宫教战、荆轲刺秦王等动人心弦的故事，他都慢条斯理、一套一套地讲给大家听。他爱读书，但并不天天埋在书堆里，他还不时地练武弄棒，更愿意了解书房以外的广阔世界。所以，一有机会，他就跑到海边，跑到那些挂着"郑"字旗号的兵

船上去。"那么多水兵，那么多战船，都是郑家的？"他看到后，心里开始有些茫然，慢慢地也就意识到郑家的家族和父亲的势力可真不小呢！水兵们见他，就称"森舍"（森，是他的名字；舍，是公子的意思），还向他行礼，他觉得自己仿佛也是这个队伍的一员一样。他最爱听水兵们给他讲述海上生活和大风大浪里与海盗搏斗的战斗故事。他特别羡慕那些身着盔甲、腰悬大刀的将士，一看到他们就联想到岳飞、文天祥等英雄豪杰的气概，随之而憧憬着自己未来的作为。

郑成功来到福建老家，一晃七八年过去了。明崇祯十一年（公元 1638 年），郑成功 15 岁，父亲为使他得到深造，便把他送到南安县学习，结业后参加"县试"，成绩优异，中了秀才。后来，父亲又安排他去福州参加"乡试"（比县试高一级的科举考试），因郑成功实在不愿受那古老陈旧的科举制度的约束，只考了半截就溜出考场了。

郑成功在慈母田川氏身边 7 年，又到父亲郑芝龙身边生活了 10 多年，已经长大成为一个身躯魁梧、仪表堂堂的成年男子。崇祯十五年（公元 1642 年），郑成功 19 岁时与明朝泉州进士、礼部侍郎董飏先的侄女董氏结婚。20 年来，郑成功母亲心地善良、吃苦耐劳、纯洁朴素的优良品质，父亲有勇有谋、敢闯敢拼、敢于在无边无际的大海闯荡的品格，对他的成长都产生了深远的影响。郑成功的三叔郑鸿逵就说过：这小子是郑氏家族中最有出息的一个。众人也无不赞其"奇伟"，将来必能成大事。

何以改"森"为"木"

崇祯十七年（公元 1644 年），郑成功 21 岁时学习有成，以优异的成绩考入南京国子监太学，成为太学生。国子监太学是封建

ZHONGWAIZHANZHENGCHUANQICONGSHU

王朝的最高学府，只有首都才有。明朝首都在北京，也就是说明朝的国子监太学应在北京。可是，朱元璋建都时首都在南京，到第三代朱棣时才将首都自南京迁到了北京，南京变成了陪都，而在南京原来的一整套国家机构却保存下来了，其中也包括国子监。南京的其他政府机构都虚有其名，唯有国子监太学不比北京逊色，因为那里有不少一流的学者，如钱谦益（公元1582～1664年），就颇具盛名。他是明末进士，也是个官僚，诗文十分出色，全国有名。

钱谦益一见郑成功，就很喜欢他、器重他，认为郑成功聪明、有才干，希望他将来能成为国家的栋梁。郑成功也心甘情愿地拜钱谦益为师，向他学习儒家经典和传统文化。不几天，这个老学究细心琢磨，这个"森"字中的"木"字太多，哪见灌木丛林中有长出大树来的，只有独木才能长成参天大树，才能成材。为了表达他对郑成功的厚望，这位老先生把"郑森"的"森"字去掉两个木字。所以，郑成功的名字再不叫"郑森"了，而称其为"大木"。这个"木"字，寄托着老师钱谦益对郑成功的厚爱和器重。

郑成功在南京就学的两年间，正是当时的全国政治形势发生剧变的年代。崇祯十七年（清顺治元年，公元1644年）三月十九日，李自成率领的大顺农民军攻占北京，崇祯皇帝在北京煤山（现景山）自缢，从此统治中国276年的大明政权灭亡。这时，另一支大顺军已抵山海关前线与清军对峙。明将吴三桂本来是奉诏赴京师勤王的，因途中闻大明王朝已亡，又有传闻说其父吴襄被农民军追赃拷问，遂回头出关降清，并勾结清军入关，合师镇压农民军。五月初二，满清贵族占领了北京，成为中国的统治者。

五月初二，即清军进入北京的同一天，聚集在江南的明朝官僚地主集团于南京拥立福王朱由崧监国，五月十五日即皇帝位，

年号弘光，成为第一个南明政权。朱由崧是个荒淫无耻的糊涂虫，朝政大权全把持在阉党马士英、阮大成几个坏蛋手里。这帮家伙无丝毫抗清之意，反视农民军为主要敌人，认为只有扑灭了农民军，才能实现"中兴大业"，恢复明朝重新统治全国的梦想，而对清军则采取妥协、退让、议和政策，甚至企图采取联合清军镇压农民起义军的错误方略。

清朝定鼎北京后的第一代皇帝是顺治帝，他只有7岁，因而不得不由其叔父多尔衮摄政。此人雄心勃勃，他根本就没把南明放在眼里，决定以北京为首都，着力推行入主中原、"混一区宇"，进而统一全国的战略方针。不久，清军自北京分兵两路，一路由固山额真叶臣率领，进军山西，攻打大顺农民军；一路由固山额真巴哈纳、石廷柱率领，进军山东、威逼南明。为了避免两面作战、兵力不足的困境，多尔衮采取首先集中兵力消灭大顺军、稳住南明，然后再彻底消灭南明的方略。至这年的夏秋之交，当清军占领了直隶、河南、山东、山西，农民军主力大大削弱之后，多尔衮便立即"简西行之锐，转旆东征"，进攻南明。十二月，清军在豫亲王多铎的率领下，顺利地进抵江苏。

南明弘光政权，当时占据着中、南部大半个中国的地盘，可以联合各方上百万兵力抵抗清军。但由于这个政权是明朝腐败政权的继续，他们只知争权夺利，贪赃枉法，甚至在大敌当前的紧急情况下，皇帝朱由崧还在大江南北，到处"选淑女"，做着腐朽生活的美梦。当时，整个南明政权简直"无一为国家实心任事者"，就是立志北伐的史可法那样的抗清将领，也无端遭到打击和陷害。整个南明政权乌七八糟，对清军的南下没有作任何的提防和作战准备。

清军不仅对农民军进行残酷的镇压和杀戮，而且对广大汉族百姓也疯狂进行野蛮的民族统治。南明弘光元年（顺治二年，公

ZHONGWAIZHANZHENGCHUANQICONGSHU

元 1645 年）四月，清军血洗扬州，守将史可法率兵民固守，兵民与清军展开巷战，全部牺牲，无一降者。清军入城后，抢掠、屠城十天，数十万人惨死于清军刀下，扬州遂成为空城。这就是历史上所说"扬州十日"的惨剧。清军渡江后，弘光小朝廷的文武官员如鸟兽散，朱由崧被杀害，仅存一年的弘光政权到此覆灭。随之，南京国子监撤销，郑成功自南京回到福建。

郑成功在南京国子监读书不到两年，但读了不少儒家的书，受到忠君爱民、保国御侮思想的影响很深。而影响更深的是他直接耳闻目睹了弘光小朝廷的腐败无能和短命，朝廷命官的贪生怕死和荒淫无耻，清军的残酷屠杀和民族统治，更有扬州守将史可法的壮烈牺牲和军民的浴血奋战，等等。这期间，特别使郑成功难过的是自己崇拜的老师钱谦益，竟然是个言行不一、口是心非的伪君子，在大敌当前、生死攸关面前，他竟然变成了苟安偷生的小丑。所有这些都使郑成功的心灵受到很大的刺激和震动。他清醒地意识到，在清军的野蛮屠杀面前，时代赋予了自己不容推卸的使命，应当毫不犹豫地和广大民众站在一起，坚决抵抗满清贵族的民族统治和惨无人道的杀掠。他心想，自己这样一个被名之为"大木"的人成不成才，正面临着严峻的考验。

"国姓"将军的重任

清军向江南的逐步深入，特别是继"扬州十日"屠城惨案之后，又在江阴、嘉定等地的残酷屠杀和"剃发令"的颁行，损害了汉族人民的尊严，加深了民族矛盾，迫使一些地主官僚集团也纷纷打起"反清复明"的旗帜，卷进了广大人民抗清斗争的潮流。浙江的鲁监国和福建的隆武政权就是在这样的情况下建立的。

南明弘光元年（顺治二年，公元1645年）闰六月初七，福建南安守将郑芝龙、郑鸿逵、苏观生和礼部尚书黄道周等，于福州拥立明太祖的九世孙唐王朱聿键为监国，二十七日即帝位，年号隆武。次日，明兵部尚书张国维和熊汝霖、钱肃乐、张煌言等人，杀掉清朝招抚使，拥明鲁王朱以海监国于绍兴，是为浙东鲁王政权。郑成功的父亲郑芝龙和郑鸿逵因拥立皇帝有功，都做了大官。郑芝龙由弘光政权的南安伯，一转身又被隆武帝封为太师平国公，主持南明隆武小朝廷的军事。

鲁王和隆武政权，本身都有一定的军事力量，且得到占据长江以南广大地区的大顺军和大西军余部的支援，如能步调一致，共同抗清，仍有创业中兴的希望。但是，大敌当前，两个政权"先仇同姓"，争权夺利，势同水火，给清军以各个击破的机会。结果，不到三个月，清军便占领浙江，鲁王被迫漂泊至金门。隆武帝与弘光帝、鲁王相比较，本来是可以有所作为的，但握有实权的郑芝龙是个唯利是图的大官僚、大商人、大地主，在形势变化时，他首先考虑的是如何保住自己的地位和财产。在清军步步进逼的情况下，他拥立隆武帝只是权宜之计，其真实用心是想借此捞取政治资本，取得"挟天子以令诸侯"的特权。隆武帝虽有察觉，也无可奈何。

郑芝龙知道隆武帝朱聿键没有子嗣，为了保住自己的地位并让儿子也能受封，便打定主意把郑成功送到隆武帝身边去做侍臣。南明隆武元年（顺治二年，公元1645年）八月的一天，郑芝龙带着郑成功朝见隆武帝。郑成功跪拜之后，隆武帝见郑成功英俊奇伟，眼光敏锐，热情豪放，即刻产生好感，便无拘无束地攀谈起来。郑成功纵论天下事，口若悬河，从明廷的腐败，满族的崛起，到弘光小朝廷的短命，无所不谈，句句在理。隆武帝最关心的是如何挽救危局，创业中兴。郑成功引经据典地说：宋朝抗

ZHONGWAIZHANZHENGCHUANQICONGSHU

金名将岳飞说过，只要"文臣不爱钱，武将不怕死，天下就可以安定了"。当今之世，这话尤为重要。隆武帝认为，此话切中时弊，真是济世之道，便毫不犹豫地把中兴大业寄希望于郑成功这位后生身上。隆武帝马上赐他和皇帝同姓（国姓）"朱"，并把原号"森""一木"改为"成功"，即为"朱"成功，民间称其为"国姓爷"，又封他为忠孝伯。隆武帝还十分感慨地抚摸着郑成功的肩背说："可惜我没有公主，否则一定招你做驸马。你应当尽忠报国，千万不要忘记啊！"隆武帝对待郑成功仪同驸马。这是封建社会的最高荣誉，也表达了隆武帝对郑成功的高度信任和殷切期望。这年，郑成功才刚刚22岁。

日本幕府当局听说郑成功被封为"国姓"、仪同驸马的消息，立即答应了郑芝龙的再三请求，把郑成功的母亲田川氏送到中国来。一同回到中国的还有郑成功的小弟弟七左卫门。郑成功与母亲一别15年，见到慈母十分高兴。母亲见到日思夜想的儿子，如今长得英俊威武，也激动得流下眼泪。郑成功从此再不用日夜思念，而可以用自己的行动侍奉、孝敬自己的母亲了。因此，他心里感到无比的欣慰和坦然。

郑芝龙怀着个人目的把儿子安插在隆武帝的身边，不仅是为自己的权势和儿子的官爵，更险恶的用心是在隆武帝身边安钉子、置耳目，以为其"挟天子以令诸侯"、伺机降清、求取荣华富贵做准备。郑成功却是从内心感激隆武帝对他的器重和信任，诚心为辅佐隆武帝创业复兴而尽力尽责，和他父亲心怀二意截然不同。

隆武二年（顺治三年，公元1646年）正月，清廷命博洛为平南大将军，率军进军闽、浙，并命令洪承畴招抚江南。六月初一，清军占领绍兴，鲁王被迫与张名振逃亡海上。以后十数年中，鲁王凭借张名振、张煌言的支持，漂泊于舟山、厦门等地，

ZHONGWAIZHANZHENGCHUANQICONGSHU

一直未能挽回颓势，实际上，鲁王政权已经灭亡。八月，清军南下进攻福建，直指福建门户仙霞关。清廷利用洪承畴与郑芝龙同为福建老乡关系，令其招抚郑芝龙。掌握隆武政权军权的军阀郑芝龙，看到清朝势盛，早已暗通清朝，伺机投降。他私下许诺清军，当其来攻时，肯定会"遇官兵撤官兵，遇水师撤水师。"隆武政权面临十分险峻的形势。

郑成功对他父亲郑芝龙有降清通敌之意非常吃惊，也非常气愤。在隆武政权危在旦夕、即将被清军灭亡的情况下，郑成功抗清意志坚定，他劝说并辅佐隆武帝朱聿键积极进取，坚决抗清，并献上"据险控扼""徕将进取""船舰合攻""通洋裕国"等《抗清条陈》。郑成功这些有关选将、筹饷、练兵的荐策，隆武帝非常赞赏和满意，说："兹览卿奏，言言硕划，朕读之感动"，并任命郑成功为御营中军都督，赐尚方宝剑，挂招讨大将军印，前往镇守军事重地仙霞关，以"总理中兴"大业。可是，郑芝龙却极力反对郑成功的荐策。郑芝龙握有实权，不要说他儿子的意见听不进去，其他大臣的意见，甚至隆武帝，他都不放在眼里。郑成功受命于危难之中，只身戍守仙霞关，怎么能够抵挡势不可挡的清军呢？

仙霞关位于浙江、江西、福建三省交界处，是福建的门户、隆武政权防御体系的要害。此关一旦失守，全闽即失去屏障。长期在此守御的郑芝龙，早已秘密接受洪承畴的降清条款。在大兵压境的情况，他以有海寇侵扰欺骗隆武帝，借故逃回老家安平去了。

郑成功奉命到仙霞关考察，发现仙霞关及与其相连的安民关、六石关、黄坞关、木城关、二渡关等六关防守薄弱，实已撤防，便速回福京（今福州）晋见隆武帝。他下跪大哭道："臣父有异志耶。臣受国厚恩，义无反顾。臣以死捍陛下矣。"郑成功

又重新调集、部署兵力，组织防御，准备坚守。但郑芝龙不供应军需，坚守防御遇到了很大困难。更为可恶的是，郑芝龙谎称郑成功母田川氏病危，骗郑成功离开前线，回安平看望母亲。八月，清军乘虚"从容过岭，长驱直入"，全闽望风瓦解。隆武帝失去武力支撑，拉着几车子破书经延平（今福建南平）急奔汀州（今福建长汀）。清军前锋统领努山"冒明军旗帜"，连续追击七昼夜，于八月二十八日至汀州，隆武帝被俘后不食而死（一说被清军押往福州处死），存在不到两年的南明隆武政权又灭亡了。

背父报国，投笔从戎

隆武二年（顺治三年，公元1646年）九月，清军占领福建漳州、泉州等地。此时，郑芝龙在老家安平。清征南大将军、贝勒博洛接受江南经略洪承畴和招抚福建御史黄熙胤的献策，决定采取具体步骤，写信招抚郑芝龙。郑芝龙接信后，见清廷许以高官，便决定投诚。贝勒博洛未等郑芝龙回音，又令泉州士绅郭必昌持书招抚说："吾所以重将军者，以将军能主唐藩也，且两粤未平，令铸闽粤总督印以相待。"郑芝龙进一步证实了清朝许以"闽粤总督"的条件，决心书写降表，投降清朝。部将劝阻，他一概不予接受。

郑芝龙马上要采取降清的行动，尽管他不愿告知儿子郑成功、弟弟郑鸿逵，但他们很快也知道了。郑成功坚决反对，他跪谏父亲说："闽粤之地，非比北方，得以任意驰驱。要是我们能凭险设伏，以巩固边防；选将练兵，以增强实力；收拾人心，以安立根本；兴贩各港，以充足军饷，国事还可以有为的。俗话说得好：虎不可离山，离山不武；鱼不可脱渊，脱渊则困。愿父亲三思而后行。"郑芝龙斥之为狂妄之言，一点都听不进去，遂拂

袖而去。郑成功无奈，又请三叔郑鸿逵去劝阻，也无效果。在此千钧一发之时，郑成功当机立断，率所部从南安移驻金门。郑芝龙听不进儿子、兄弟和部将的劝阻，匆匆忙忙带领 500 名护卫和小儿子到福州城向贝勒博洛投降。郑芝龙又捎信给已到金门的郑成功，要他回来一起降清，但郑成功选择的则是忠明抗清的道路。郑成功回信向父亲作最后的劝谏："从来父教子以忠，未闻教子以贰。今大人不听儿言，倘有不测，儿只有缟素（人死后穿的丧服）而已。"这就是郑成功与父亲郑芝龙最后的诀别。这年，郑成功 23 岁。

隆武二年（顺治三年，公元 1646 年）十月，清贝勒博洛率军进抵福建安平镇，这里是郑芝龙的老家。郑芝龙万万没有想到，清军并不因他投降而减轻对其家乡安平镇的烧杀抢掠。郑芝龙携子女、玉帛逃跑时，郑成功的母亲田川氏不肯离去，结果被清军兵士污辱后自杀身亡（一说被清军杀死）。郑成功听说父亲投降后已被挟持北去，安平被掠，便和三叔郑鸿逵商议开船往救安平。行至半途，郑成功得知母亲受辱自缢而死，怒发冲冠，立即往攻安平，烧杀抢掠的清军闻风而逃往泉州。

郑成功到老家安平一看，到处硝烟弥漫，哭声动天，鲜血遍地，惨不忍睹，见母亲惨死，家产被劫，悲恸欲绝。特别是母亲从日本回国才一年多，自己还没来得及尽孝道，心里更加愧疚。他怀着万分悲痛的心情，安葬了母亲。一起来的将士也戴孝参加祭奠，他们也无不失声痛哭，声泪俱下。这时，清军进军江南所实行的"留头不留发，留发不留头"的民族高压政策及"扬州十日""嘉定三屠""江阴屠城"的野蛮暴行又立即浮现在郑成功的面前，于是更加激起他反抗民族压迫的民族豪情。于是，郑成功在母亲墓前庄严祭告，决不辜负母亲"忠君爱国"的教诲，一定要做个顶天立地的好男儿，誓报国仇家恨。众将士也阵阵山呼，

ZHONGWAIZHANZHENGCHUANQICONGSHU

ZHONGWAIZHANZHENGCHUANQICONGSHU

郑成功走上了武装保国抗清的道路

表示坚决抗清到底。

弘光、隆武二帝相继殉国，母亲惨死，父亲降敌，清兵的残暴，使郑成功百感交集，义愤填膺，同时也使他悟出了一个道理，只靠读书是救不了国的。再说，连满口仁义道德的老师钱谦益不是也投降了清军吗？于是他决定弃文就武，焚烧儒服，走以武装救国的道路。

一天，郑成功把自己用过的儒巾、青衣（明代儒生穿用的服装）携带到家乡孔庙前大哭一场，说：“昔为儒子，今为孤臣，向背去留，各行其是，谨谢儒服，惟先师昭鉴。”说罢，郑成功命部下把带来的儒服一把火焚之，结束了自己的书生时代，遂披上铠甲，佩带宝剑，带着部下走上了武装保国抗清的道路。后来，人们为了纪念郑成功焚儒服、投笔从戎的行动，将这个孔庙改称“焚衣亭”。1953年，晋江文管会在那里（即今福建南安县丰州镇孔庙东侧）新立了一块白花岗岩的石碑，高6米，上面雕刻着“郑成功焚青衣处”几个大字和郑成功的传略，使之成为一处教育后人的名胜古迹。

ZHONGWAIZHANZHENGCHUANQICONGSHU

三、创建武装立根基

高举义旗，建军为先

郑成功选定走武装抗清、保家卫国的道路时，身边只有十几个志同道合的兄弟。在满怀悲愤之余，郑成功认识到，要实现"计图恢复"的战略目标，完成未竟的中兴大业，必须有一支强有力的武装。他把叔父郑鸿逵和少年好友张进、陈辉等请来，共商大计，统一了发展武装、共创大业的思想。一向器重郑成功的叔父郑鸿逵，看到成功有此雄图大略，打心眼里高兴，主动承担了招揽郑家旧部及争取金门、厦门郑彩、郑联归附的任务。张进等则在安平附近，就地招募立志抗清卫国的英雄豪杰。

安平是郑成功的家乡，当地的老百姓亲眼看到清军的野蛮杀掠，受尽了清兵的欺辱。郑成功"杀父报国"、抗清复明的义旗一举，老百姓便纷纷响应，父母送儿子、妻子送丈夫参军，顿时形成热潮；许多农民、渔民、志士仁人也前来应募，聚集到郑成功的旗帜下。

郑成功"招贤""聚义"，创建武装队伍，流传下来很多类似神话般的故事。例如，在泉州西门外有个叫潘山村的地方，此地

离郑成功焚烧儒服的孔庙不远。那村北边有座石桥，是当年郑成功招贤纳士之处。有一次，张进带着两名亲兵到了桥头上，树起招贤旗，摆上八仙桌，桌上放一碗清水、一口宝刀，还有打火的火石、火镰及蜡烛，等候过往行人。经过的人，左看右瞧，不知何意，问那亲兵，他们也不知如何回答。到第三天，有一个彪形大汉来到桌前，左右一端量，稍加思忖，便随手提剑把那盛水的碗打碎，接着又用火镰、火石打火，点着了那只蜡烛。亲兵跑步报告郑成功。郑成功来到一看，这汉子所为正合自己的心意，便亲切地拉着他的手问："大哥此举为哪般？"那汉子把袖口一挽，神气十足地说："小的打碎那碗清水，意欲'反清'；点着那只蜡烛，志在'复明'，有何不对？"郑成功深知这是志同道合之士，便恭恭敬敬地拉着他的手到军营去了。据载，这就是陈发，是附近山村的一个贫苦渔民。他看到清兵烧杀抢掠，早就义愤填膺，怒气不打一处来，如今看到郑成功举义抗清，特意前来应征。在他的带动下，附近许多青年志士，特别是潘、薛、庄、林等姓的青年，纷纷踊跃参军。后来，他们大都参加了驱荷复台的斗争，成为收复台湾的主力军。人们为了纪念郑成功，将此桥命名为"招贤桥"，这个故事也流传至今。

再如，当时南安县的一个山村有18名志士参军入伍。其中有个叫阿番的，还不到18岁，是个放牛娃。他看到好多人抬着一个碌碡（农业轧谷物用的圆柱形石磙）下山，个个满头大汗。阿番看到微微一笑，便接过来只用一只胳膊轻而易举地挟到山下，人们个个惊讶，目瞪口呆。其他17位兄弟，也个个膀大腰圆，身强力壮，且经常在乡里劫富济贫，为民除害。他们听说郑成功派人前来招贤、聚义，便跑来报名入伍，并得到郑成功的重用，其中有个叫李启轩的后来还当了郑军兵镇的都督。

郑成功属下的许多大将，诸如甘辉、陈豹等，都是这时参加

招贤聚义

郑军的。甘辉，福建龙海人，幼年丧父母，无依无靠，地无一垅，房无半间。迫于生活，他不得不到一户地主家当杂工，放牛、担水、劈柴、做饭，累得喘不过气来。地主稍不满意，便对甘辉施以毒打。牛马般的生活，让甘辉实在忍受不下去了，便逃出虎口，流落在海澄、漳州一带，结识了一批穷兄弟，据山为寨，劫富济贫，成为受穷苦人欢迎的一支小部队。他们得知郑成功起兵，便直奔而来，加入了郑成功的队伍。郑成功授予甘辉先锋镇之职。从此，甘辉便成为郑成功最得力的将领，跟随郑成功南征北战，直至1659年于南京城下壮烈牺牲。

据记载，郑成功举义后，在家乡安平附近已发展到300多人（一说90多人）的队伍，成为东南海上肩负有历史重任的引人注目的一支部队。

在作战中扩大队伍

郑成功认为，安平这个地方处于抗清前线，不可久守，应转移到比较安全、有利于发展的地方。于是，他高举义旗，于隆武二年（顺治三年，公元1646年）十二月带领这支部队驰骋海上，先到南澳（今广东、福建交界处的小岛），后又经烈屿（今福建金门岛）抵达厦门附近的鼓浪屿。此时，隆武朝廷旧部路振飞、曾樱闻讯，也前来加入了郑成功的队伍。

郑成功在鼓浪屿，对部将作进一步的思想发动和广泛的宣传工作。他再次与诸将士"定盟"宣誓，力图恢复明朝。誓文说："本藩（郑成功自称）乃明朝之臣子，缟素应然；实中兴之将佐，披肝无地。冀诸英杰，共伸大义。"他自称"罪臣朱成功"，用"招讨大将军"印，仍以次年为隆武三年。他率部将宣誓：决心联合天下豪杰，共伸大义，完成复兴大业。他还拿出自家资产，

犒劳部众。

郑成功义旗一举，四方志士，蜂拥而来。此时，郑氏家族的军队，早已因郑成功之父郑芝龙降清而土崩瓦解。郑芝龙的旧部洪旭、黄廷、施天福、林察等，看成功有为，也投奔了郑成功。郑鸿逵虽声称支持成功，但仍率兵占据金门。郑彩、郑联拥戴着鲁王朱以海占据着厦门和浯州（今福建金门）。但是，在诸郑中郑成功是最出色的将领，举义旗抗清也最得人心，所以表面上诸郑都支持郑成功，尤其郑鸿逵对郑成功最为爱护和器重。在此情况下，郑成功于南澳岛置官设将训练士卒，建筑营寨，抚慰百姓，成为最早的发展基地。时以洪旭、陈辉为左右先锋镇，杨才、张俊为亲丁镇，郭泰、余宽为左右护卫镇，林习山为楼船镇，柯宸枢、杨朝栋为参军，杜辉为总协理。

郑成功要成就大业，一方面先要团结诸郑力量，晓以民族大义，改变他们仅为保护私利而割据一方的企图，待时机成熟再实现军权、政权的完全统一；而更重要的是结识天下有志之士，尽快发展和壮大武装力量。为此，他采取边作战边扩军的方针，既能到沿海各地拯救百姓，使他们免受屠戮之苦，又能在这个过程中发展壮大军队。

隆武三年（顺治四年，公元1647年）七月，郑成功率领人马首攻离海边最近的海澄。清援军至，郑军寡不敌众，右先锋洪旭中流矢，监军杨期演战死。此战虽有损兵折将之失，但却锻炼和鼓舞了士气。于是在郑成功的带领下，他们整顿兵马，准备再战。郑鸿逵一方面为郑成功不怕挫折而高兴，一方面又担心再遭更大损失，遂写信给郑成功说："凡事先固根本，然后求末。现在你只有安平弹丸之地，又无天险可恃，一旦清军来攻，如何是好？你应火速回师，我以军旅相助，你我合攻泉州，暂作安身之处。然后养兵蓄锐，攻其不备。"郑成功立即接受郑鸿逵的意见，

回师整顿。

八月，按照预订计划，郑成功与郑鸿逵合兵攻泉州，大败清提督赵国祚于桃花山。此役是郑成功举义后打的第一个大胜仗。战斗中，郑成功初显军事才能。传说，清军战船成排成队地向桃花山靠近时，郑成功运用"以少示众"、虚张声势的古兵法，令士兵将许多陶制尿壶口塞紧，上面戴上一顶帽子，成群地漂浮在海面上。清军水兵远远望去，误以为郑军水兵游水袭来，当其疾驶前来袭击时，埋伏好的郑军立即出击，将清军全部消灭。在攻打泉州的战斗中，泉州士绅沈佺期、林桥升、郭符甲、诸葛斌等起兵响应，主动配合作战，使郑军队伍有了很大发展。

泉州之战的胜利，在闽浙沿海人民中产生深远影响，使郑成功的军队进一步扩大。十一月，大学士刘中藻率义兵响应成功。故明浙江巡抚卢若腾、进士叶翼云、陈鼎等也前来拜见郑成功，郑成功对他们表示欢迎。在此前后投奔郑成功的还有武艺高强的漳浦人蓝澄，精通兵法的南安人施郎（后改名施琅）及其兄弟施显贵，以及邱缙、林壮猷、金作裕等，大大充实了郑军的将吏队伍。清提督赵国祚对此感叹地说："贼船如山，抛泊海口，联络山寇，蔓延四野。"尽管其诬蔑郑军为"贼"，老百姓为"寇"，但是这正好反映出郑军已经成为清军闻之丧胆的一支武装力量。

隆武四年（顺治五年，公元 1648 年）闰三月，郑成功率林习山、甘辉等进攻同安取胜后，命叶翼云为同安知县、陈鼎为教谕，号召百姓起义，扩充军队。留丘缙、林壮猷、金作裕等率兵驻守，自己又亲统大军赴铜山募兵。十月，郑成功遣施琅、杨才、柯宸枢、康明等相继攻下漳浦、云霄、诏安等地。至此，郑成功攻占了福建沿海的漳、泉各地和闽粤交界的不少地区，队伍进一步扩大。至次年初，仅在铜山一地就募兵 1 万多人。

正当郑成功胜利进军，队伍日益扩大时，公元 1646 年，南明

朱由榔在广东肇庆建立了永历政权的消息传来，郑成功高兴地说："吾有君矣！"于是立即派光禄寺卿陈士京等赴肇庆行营朝贺，并改奉永历年号。永历皇帝立即封郑成功为威远侯，后又封为延平公。从此以后，郑成功更加注重团结各方力量，力图重振复兴大业。这时，浙东方面张名振、张煌言奉南明鲁王政权的抗清力量也还在活动着，并与郑成功紧密配合，共同抵御和牵制着清军。于是，郑成功又派将驻守漳、浦各州县并就地扩军，他本人率军驻守厦门，造船练兵，并向广东方面发展，为收复台湾准备力量。

粤东潮州一带是南明小朝廷和清朝都顾及不到的地方，一些地方势力却在那里为非作歹，割据一方，百姓颇受其苦。这些地方土豪中势力最大的就是南洋的许龙、澄海的杨广、海山的朱尧、潮阳的张礼，碣石的苏利，当地百姓惧之为"五虎"。他们不仅滥征赋税，鱼肉百姓，而且都有军队。永历四年（顺治七年，公元 1650 年），郑成功率军征讨，逐个消灭、收编了他们的军队。受苦百姓获得解放，踊跃参军，郑成功的军队迅速扩大。

同年，郑成功在平定"五虎"之后，又转兵相继攻下潮州、揭阳、沼安、潮阳等地。潮阳知县常翼凤、诏安守将万礼等率兵迎降，所部经过整编、训练，成为郑军的一部分。此时，郑成功兵多将广，遂任命施琅为左先锋，其弟施显贵为右先锋，黄廷为右先锋镇，监督王秀奇为戎旗镇，甘辉为亲丁镇，林胜为中协，陈瑞为右协，以统领改造后的各部队。这时，郑成功领导的军队大约有三四万人。

从以上郑成功创建军队的过程可以看出，他建设军队的特点是：以广大渔民、农民为基本队伍，并大量吸收改编义军及起义投诚的敌军，并在作战的过程中不断扩大建设成为东南海上的一支劲旅。

（一）大量吸收闽、浙、粤沿海一带的农民、渔民入伍。这是郑成功军队的基本队伍。他们受压迫受剥削最深，对清军的野蛮屠杀和南明的腐朽统治认识最深刻，所以当郑成功举义抗清、转战各地时，最能得到他们的拥护和支持。根据历史记载和大量民间传说，郑成功每到一地，都有大批农民、渔民踊跃应募。渔民俞求多、翁求多，晋江的萨祖武等，后来都成了郑军的战将。

（二）收编农民军和义师。这许多支部队，数百、数千、上万者都有。万礼、沈佺期、林桥升、郭符甲、诸葛斌、刘中藻、陈邦义、陈子壮、张家玉等领导的义师或农民军，先后编入郑军，为郑军输入了新的力量。

（三）合并诸郑部队。不愿跟随郑芝龙降清的洪旭、黄廷、林习九、林察、施天福等旧部，叔父郑鸿逵隐居后交出的部队，收并的郑彩、郑联的部队，普遍认为郑成功有勇有谋，能成大事，所以都先后加入了郑成功的军队，从而壮大和充实了郑成功军队的有生力量。

（四）改编起义投诚部队。比较有名的是后来刘国轩、姚国泰、赫文兴、杨世德等部的来归，对郑军的发展壮大起了重要作用。起义改编后，刘国轩被任命为都督佥事，江振曦被任命为大监督，对郑军的建设都起了很大作用。

郑成功率军转战南北六七年，地盘扩展到闽、粤沿海上千千米的广大区域，兵力达10多万人，成为当时中国东南海上一支深受人民群众拥护和爱戴的抗清大军。

夺取金、厦立根基

南明永历四年（清顺治七年，公元1650年）初，全国军事形势发生新的变化。清平南王尚可喜、靖南王耿继茂率军进攻广

ZHONGWAIZHANZHENGCHUANQICONGSHU

东，攻克南雄。接着，清军即向广东发起全面进攻。驻跸肇庆的永历帝朱由榔闻后大惊，他留李元胤、马吉翔守肇庆，自己登船西行。永历帝的逃跑主义，遭到有志抗清将领的激烈反对。督师瞿式耜上疏："退寸失寸，退尺失尺。今朝闻警而夕登舟，将退至何地耶？"永历帝不听，于正月廿六日退跸梧州。不久，清军攻占衡州、肇庆、广州、桂林，继何腾蛟、金声桓、李成栋之后，瞿式耜、张同敞等抗清将领相继战死。在广东方面，郑成功攻潮州，潮阳相继失利，郝尚久、黄亮采等叛降，局势也呈不利态势。

郑成功分析形势，认为要成就大事，不能急于出战，应当先把后方的事情办好，统一军令、政令，建立政权，奠定牢固的基础，不能像永历皇帝那样到处流亡、漂泊。他召集诸将讨论，大家都同意他的意见。郑成功的叔叔郑芝鹏提出，厦门是建立这样一个基地的最佳地方。其他诸将也达成共识，认为占据金门、厦门，在军事上可以控制远到澎湖一带的广大海域，陆上又与漳州、同安相毗连，进战退守机动性很大；在经济上，又是海上贸易的必经之地。此处地方现在为郑彩、郑联所据，他们只图个人私利而无民族大义，百姓都不拥护他们，其部下扰民害民，弄得百姓苦不堪言。时下郑彩正出师北上，声援浙东的张名振、张煌言，厦门只有郑联一人看守，"两岛空虚，若欲取之，正是时机。"郑成功同意诸将的意见，他说："两岛，吾家卧榻之地（意指父亲郑芝龙经营过的地方），岂容他人鼾睡。"于是，决定要除掉郑彩、郑联。

这年八月，郑成功按预定计划，自揭阳向厦门进发。因郑彩、郑联在金门、厦门经营多年，兵力雄厚，粮饷是郑成功军队的 10 倍，船只也多，于是在施琅的策划下，决定智取。郑成功对采取此类手段虽存有疑虑，但在郑芝莞等的劝说下，还是同意

了。郑成功命甘辉、施琅、洪旭、杜辉率领 500 名精壮士兵乘船为先锋，其他各部紧跟其后，按顺序前进；郑成功率少数护卫直登鼓浪屿岛。这天正是八月十五日中秋节，郑联醉酒酣歌之后已经在万石岩公馆入睡。郑成功把他喊醒，提出要其出兵相助。郑联只是备酒招待，就是不表态借兵之事。直到二人对饮，喝得酩酊大醉时，郑联才勉强答应了郑成功的要求。

八月十六日，按照通常礼俗，郑成功也设宴回请郑联。这个天天沉醉于酒色中的地方割据头目，直到喝得昏迷不醒时才回公馆。当他东倒西歪地走到半山坳时，杜辉一声令下，伏兵四起，将郑联抓住，一刀把他砍死。杜辉将情况报告郑成功，成功立即下令鸣炮示意，各路郑军从四面八方冲入城内，一边安顿百姓，一面张贴告示，悬赏捉拿凶手。郑联属将陈俸、蓝衍、吴亮等得知郑联已死，遂归附郑成功。

郑彩此时正在回厦门的路上，闻岛上有变，立即南下广东，郑成功派将将其追回。郑彩部将杨朝栋、王胜、杨权、蔡新等相继归降。郑成功派人前往陈述岛上形势，劝其投降，郑彩知大局已定，也只好交出全部军队和船只。郑成功看其态度诚恳，便把他接回厦门，并以礼相待，后来病死于厦门。为扩军备战，郑成功对由二郑归附来的下属诸将，都予以任用，并收编其部队。

郑成功智取金、厦成功后，即以金、厦为中心基地，着手进行收复台湾的各项准备工作，大力进行军事、政治和经济建设。南明永历八年（清顺治十一年，公元 1654 年），永历帝封郑成功为延平王，配招讨大将军印；准设六部、置官；又赐尚方宝剑，便宜行事。次年，接受六察官周素、叶茂建议，将厦门改名为思明州，以表中兴复明的决心和收复台湾的意向。在军事上，统一军令，设前、后、中、左、右五军，部队按镇、协、营系列重新编组；政治上设吏、户、礼、工、刑、兵六部各官及察言、承宣、

审理等官，遂以潘庚钟为吏官，洪旭为户官，张光启为兵官，郑擎柱为礼官，程应璠为刑官，冯澄世为工官，六官之下有左、右司务（后改称都事）。为发现和网罗人才，又设储贤；为关心和培养阵亡将士的子弟成才，还设有育胄馆。在经济方面，广辟交通，督造海船巨舰，建造港口码头，设立商业贸易机构，大力开展海上贸易；还置屯田官，负责调度部队轮流垦殖；设官管理盐业，收取盐税。经过这些措施的施行，财政收人大增，粮饷充足，为以后南征北战和收复台湾创造了物质条件。

按作战需要建设军队

郑成功按照中兴复明、收复台湾的需要加强建设军队。经过改组和调整编制，郑成功把军队分为水师和陆师两大部分，此外还组建一些特种兵。陆师按军、镇、协、领班、队的序列编制。军、侍卫队编为中、左、右、前、后五卫亲军，作战部队编为中、左、右、前、后五军。军下为镇，设有五常镇、五兵镇、五行镇、五援镇、五冲镇、五宣镇等。镇下为协，设中、左、右、前、后五协。协辖正领班五员，每领班下辖五队，每队分为五方旗。郑成功的兵镇制度，不是一下子编配完备，而是随着队伍的发展、壮大和战争的进程，逐步设立、完备起来的。

郑成功为了收复台湾，特别重视加强水师的建设。他把水师编为中、左、右、前、后五楼船镇和中、左、右、前、后五水师镇。此外，还有果毅左右先锋、前锋、中权、后劲、神器、火器、神祧、骁骑、铁骑及角、亢、氐、房、心、尾等28宿营。这些独立营多为特种兵，根据作战需要随时进行调整。

在官将设置上，陆师亲军设总兵一员，作战部队五军设总督五军戎政一员，总制五军。军设提督一员，主作战机宣；总理监

ZHONGWAIZHANZHENGCHUANQICONGSHU

营一员，左右协理监营各一员。镇设镇将一员，总管全镇兵事，设副将一名佐之；监督监营、督阵官、戎政司马各一员，随镇监督征战。协设协将一员，掌一协之兵事。水师设有总督水军勋爵一员，正副领兵各一员，正副坐营大厅都督各一员，正旗鼓中军都督一员，副旗鼓中军副总兵一员，以及参军主事、正副领兵都督佥事等。

从以上可以看出，郑成功军队组织十分严密。首先，水、陆师主力部队基本采取"五五"编制法，利于海战和渡海、登陆作战，利于作战指挥和力量配属、调遣。作战时，每镇中协为预备队，左、右、前、后协各管一方正面作战，这实际上是把古代方阵运用于海上，有利于战斗队形的变换。第二，每协、营、班、队都按一定比例配有长兵、短兵及藤牌、滚被、盔甲等防护用具，可以互相配合。第三，从五军戎政到提督、镇将、协将，为自上而下的指挥系统，便于作战指挥；军、镇两级分别设有总理监营、监督监营，既分别配合提、镇处理征战事宜，又自成系统，不完全受提、镇控制，对提、镇反有监督作用。

郑成功对水师建设，尤其重视战船的制造。他多次谕令将士："至于水师，尤我长技。"又说，"惟水师一项，最为吃要。"郑成功起兵时，只有林察率领的几艘战船，后接受郑芝莞建议，即派阮引、何德、周瑞专门负责水师建设。郑成功命冯澄世设局厦门，负责造船制器，当时的厦门、东山、海澄等地，是有名的造船基地。

郑成功巩固金、厦基地之后，部队的训练也逐渐走向正轨，有了专门训练的时间和场所，不再像过去那样只是利用作战间隙进行练兵。南明永历九年（清顺治十二年，公元1655年），郑成功命冯澄世设计、修建了演武亭、演武场。有时，郑成功住在那里，亲自督练。陆师一般先进行单兵训练，训练到一定程度再进

ZHONGWAIZHANZHENGCHUANQICONGSHU

行合练。合练，主要是按照郑成功创造的"五梅花阵法"进行战术训练。一般经过半个月的训练，兵士即可达到"步伐整齐""操演如法"的程度。

郑成功还不定期地举行"大阅"，对训练好的将士进行检阅、表彰，对不合格、不认真的进行批评、处罚。有一次大阅，郑成功将提督、统领及各镇、营的主官召集到演武亭，令部队从实战出发操演五梅花阵，并按军令进行奖惩。先令赫文兴指挥操练，队伍参差不齐，郑成功阅后很不满意，立即下令责打40棍。护卫前镇陈尧军指挥的队伍更乱，郑成功即令解除其带兵资格。郑成功说："兵之勇怯，在乎将领。如将领稍缺，则兵虽多亦不肯向前；如将领敢、勇，虽弱兵必勉力赴敌，所谓'强将手下无弱兵'是也。故兵贵精，而将尤贵乎选，最为紧紧切要。"为此，郑成功把选将、练兵摆到同样高的位置，作为建军的关键来抓。

有一次，在与清将阿格商作战时，俘获了一个全身穿戴铁制披挂的兵士，因其有铁制披挂护身，故勇于死拼硬打，毫无畏惧。郑成功受到启发，想进行仿制，以武装自己的部队。戎政王秀奇极力反对，认为这种铁制披挂15千克重，穿戴困难，体弱的兵士根本受不了。而甘辉的看法则不同，他以岳飞、戚继光为使兵士练体力，故意加重负荷为例，主张可以用以武装部队。左戎旗管理王大雄二话不说，两手提起清兵俘虏用过的铁制披挂，往身上一穿就表演起来。只见他手舞足蹈，上下挥动，进退自如，并做了一套套与敌人拼杀的动作。郑成功看后高兴地说："像这样的部队可以驰骋天下了。"于是决定让工官冯澄世传令给督造陈启等，大量制造铁披挂，用以武装部队。

后来，人们把用铁披挂武装起来的部队叫"铁人军"，挑选威武雄健的士兵担当。据记载，厦门演武场上有150千克的石狮子，只有能连续三次举起这个石狮子的人，并经郑成功检验合格

后，才有资格参加到"铁人军"的队伍中来。经过选拔，左先锋镇陈魁、援剿后镇陈鹏专门负责铁人军的选拔和训练。"铁人军"兵士装备有斩马大刀、藤牌、身背、弓箭袋等，能远攻也能白刃格斗。每十个班中，弓箭和刀牌的比例为四比六。每班六人之外，另配伙兵三人，专门负责挑带战裙、披挂，行军时排在每班兵士的后面，作战时令兵士各自穿戴身上再上阵。

"铁人军"的训练比其他部队的训练更加艰苦、严格，规定每天要训练两次，不分冬夏。特别是夏季训练，披挂以后，强烈的日光照射在铁面、铁裙、铁鞋上，灼热得很。经过艰苦训练，"铁人军"武艺高强，有异乎寻常的耐久力，技术水平和战斗素质极强，成为郑成功军队中战斗力最强的一支部队。后来，这支部队编入虎卫亲军，在北伐和收复台湾的作战中发挥了重要作用。

郑成功还很重视对部队的胆、勇训练。选将练兵，胆、勇都是很重要的条件。有的将领只顾私情，挑选的兵士胆、勇不足，郑成功立即令其撤换，毫不含糊。他再三强调，诸将带兵打仗一定要"以胆勇为上，束兵次之"，"如有未十分胆勇，不敢保结"的，必须换补，"至于临敌之时，将领退却，将原结连罪重罚。"正是由于郑成功对选将练兵"用心有素""精而益求其精，选之中又加选"，所以他创建和统率的这支包括多兵种的陆师，经过多年的选练和考验，才能做到"个个堪以自信"，打起仗来才能"惟前驱首当其锋，胆勇成列则心力俱齐，无坚不摧"，每战必胜。

郑军水师兵士多来自沿海渔民，他们虽然习惯海上生活，但郑成功并未因此而降低了对他们的要求。他在鼓浪屿、东山、南安、石井等地海边上建有水操台，就是专门训练水师的场所。厦门的日光岩水操台遗址至今尚在，那里有一块又高又大的石头，上面刻有"闽海雄风"四个大字，郑成功曾亲自在此督师训练和

ZHONGWAIZHANZHENGCHUANQICONGSHU

赏罚分明 从严治军

检阅。水师训练时，一般以旗为信号，不同的旗色、旗号表示不同的操练动作；如距离较远则用螺号，以声音长短、粗细表示或进或退、或左或右的操练程序。经过严格训练的水师，出航时"舳舻陈列，进退以法。将士在惊涛骇浪中无异平地，跃踯上下，矫捷如飞。"

郑成功从公元 1646 年举义创建军队开始，经过 10 多年的作战、训练，已发展到编有陆师 72 镇、水师 20 镇，达 20 多万人的军队，成为活跃在东南海上的一支强大有力的抗清劲旅。这支军队，特别是水师，后来在收复台湾的作战中起了决定性的作用，为驱逐外来侵略者，完成祖国统一大业，立了头功。

赏罚分明，从严治军

郑成功治军，十分重视严格军队纪律，赏罚严明。郑军是由收编的各种部队组成的，军队成分相当复杂。其中有各地大小不等的农民军，有南明一些州县开明士绅领导的义军，还有起义投诚或被俘的清军，有他父亲郑芝龙的部下、叔父郑鸿逵归附的部队，以及族兄郑联、郑彩的部队，等等，这些部队都缺乏严格正规的思想教育，普遍纪律松散，只重私利，不明民族大义。鉴于此，郑成功既广泛团结各方力量，又从严治军。郑成功要求全军将士必须树立爱国、爱民思想，严禁扰民。他指出："古云'民为邦本'，虽取民之中，必存爱民之意，其约束禁条，不啻三令五申。"为了爱护群众、保护群众利益，他规定了很多禁令条款，诸如："不准奸淫、掳掠妇女"，"不许擅毁居室"，军队到任何地方都"严禁混抢""禁宰牛"，等等，深得群众的拥护和爱戴。有一次，部队行军至湄州（今福建湄州岛），一士兵到水井取水时，在井旁抓了百姓一只鸡，被监营发现，带兵将领甘辉主动承担责

ZHONGWAIZHANZHENGCHUANQICONGSHU

任，挺身受责10棍，犯纪士卒枭首示众。正是由于郑成功治军严明，官兵人人遵守，所以后来军队打仗进城能严守军纪，做到"秋毫无犯""威声振江南"。

郑军的战场纪律，也十分严格。每次出征前，都宣布奖赏处罚规定，诸如："有奋勇拔先者，升擢重赏；退却者，不论总镇官兵，立即枭示。"；"凡攻城略邑有功，先赏后报；有罪镇将会议先斩后闻；其官名奸淫抢掠，连罪将领，阿私不举，罪总制。"；"军前不用命者斩，临阵退缩者斩，副将以下先斩后报。"这些并非一纸空文，而是严格执行的。如小盈岭之战后，即照《大敌赏格》升赏，因杨祖勇敢"率兵赴战，杀伤过当"，又"身中数箭，尚奋勇杀死虏将一员"而立首功；甘辉机动灵活，见中冲镇、游兵营敌不过清军而被迫退却时，能奋勇向前，将敌人追杀大半而立次功；中冲镇、游兵营因作战不力而降职。

郑成功在赏功罚罪时，能做到赏不避仇，罚不避亲，这是很不容易的。永历四年（顺治七年，公元1650年）秋，清军连下广东、广西不少州县，形势危急，永历帝诏谕郑成功出师勤王，农民军余部领袖孙可望、李定国也派使者到厦门，邀请郑成功联合进攻清军。郑成功毫不犹豫，即令黄斌卿、黄大振率军守海坛，将水师阮引德及陆师蓝登部拨归叔父郑芝莞指挥，以防守厦门，他自率诸镇主力、配备战船100多艘，南下勤王。他为防清军乘隙袭击厦门，中途又派叔父郑鸿逵回厦门协防。次年二月，郑军舟师到达白沙湖，遇到暴风，毫不畏惧，继续前进。三月，郑军到达天星所，并战胜了一股清军。正当此时，清朝福建巡抚张学圣乘厦门空虚之际，命马德功率泉州清军，王邦俊率漳州驻军，从两个方向会攻厦门。

次年四月初一，郑成功回到厦门。在班师途中，郑鸿逵已命施琅出兵，夺回了厦门。郑成功了解到，当清军逼近厦门时，叔

父郑芝莞闻风丧胆，匆忙将自己的金银财宝装上船逃跑。众百姓看到他不战而弃城逃跑，也纷纷四出逃命。因此，清军不费吹灰之力攻下厦门，然后大肆抢掠，郑成功多年储备的几十万千克粮饷、45万千克黄金及所有资金财物，全部被清军掠走，厦门遂成为一座空城。几天后，清军被施琅击退。

对厦门失守，损失重大。郑成功气愤至极，遂召集诸将讨论厦门失守责任，同时也奖励有功人员。经过众将讨论、评议，最后，郑成功裁令：施琅"身率数十人与虏对敌"，击退清军，因功奖赏花银200两，属下陈勋赏银100两；郑文星抗敌有功，也赏给银两；郑鸿逵派师回救厦门有功，但私自放走清将马德功，又有大罪，功过相抵；叔父郑芝莞，临阵逃跑，军法不容，立斩。有人出来为芝莞求情，郑成功毫无所动，并拿出隆武帝授予他的尚方宝剑，命武士将其叔父推出辕门，就地正法。众将士看到郑成功赏罚分明，不分亲疏，执法如山，无不口服心服。顿时，全军上下意气高昂，军心民心大振。

施琅及弟施显贵、父施大宣三人，一直为郑成功所重用。施大宣负责管理军队的粮饷，施显贵任右先锋镇。施琅刚刚因功受奖，而施大宣伙同施显贵营私舞弊，证据确凿。郑成功为严肃军纪，做到有功者必奖，有罪者必罚，铁面无私，坚决将施大宣、施显贵斩首。

正是由于郑成功严明军纪，信赏明罚，他的军队才能做到令无不行，禁无不止。后来在北伐入镇江时，郑军夜宿地铺，不入民宅；在南京兵败被清军包围时，将士严守命令，听从指挥，宁肯战死，也不退却，不投降。所以，郑军每攻占一处地方，四方无不闻风而住，百姓酒食相迎，深受人民群众的拥护和爱戴。

四、初显军事才能

郑成功自公元 1646 年举义抗清，到 1660 年取得厦门保卫战胜利，前后用了 15 年的时间，建立了以厦门为中心的军事基地。在厦门及其周围闽粤沿海的广大地区，驻扎着 20 多万人的军队，与清军周旋、作战数 10 次，且每每取胜，雄踞海上，成为与西南李定国领导的农民军并驾齐驱的两大抗清主力。这固然有其历史发展的必然性，有其政治、经济、军事等各方面的原因，但如仅从军事角度来看，则主要在于郑成功正确的战略决策和作战指导。

应时定计，立足海疆固根本

郑成功所处的时代，是腐朽的大明、南明政权走向灭亡，强悍的满洲八旗人主中原、征服全国并采取野蛮、残酷的民族高压政策的时代。清军进军江南时，郑成功也被迫从南京回到福建。清军实行的"留头不留发，留发不留头"等民族屠杀政策和"扬州十日""嘉定三屠"等所犯下的血腥暴行，激起了郑成功反抗民族压迫、保卫汉族传统文化的强烈的民族义愤。加之南明隆武帝朱聿键被清军杀害，生母田川氏被清军逼死，父亲郑芝龙不顾

民族大义而降清，这一系列的君亲之仇交汇在一起，坚定了他抗清复明和收复台湾的坚定立场和必胜信心。

与郑成功同时的抗清力量、抗清人物，比比皆是。但他们当中，有的没有坚定的政治目标，往往将手中的武装作为捞取个人私利的资本和工具，一旦形势对自己不利，就变节投敌；有的虽然政治立场坚定，但缺少军事才能，没有正确的战略战术，特别是没有后勤供应基地，也往往维持不了多久，结果只能逐个被清军消灭。与之相比，郑成功不仅有坚定的政治立场和政治目标，而且有出类拔萃的军事才能和符合实际的战略策略。

浙东陈子龙、顾炎武、方国安、钱肃乐等抗清力量的短命，湖广何腾蛟等抗清力量的貌似强大、实无战力，西南李定国、孙可望等农民军东征西讨而又不能独立抗清等情况，无不时刻提醒着郑成功，使他清楚地认识到：要实现抗清复明、收复台湾的战略目标，必须使自己先有牢固的立足之地，逐渐积蓄力量，而后再谋发展。父亲郑芝龙降清，他在竭力劝阻时，就分析形势说："闽粤之地，不比北方得任意驰骋，若凭高恃险，设伏以御，虽有百万，恐一旦亦难飞过。"又说，如若"收拾人心，以固其本；大开海道，兴贩各港，以足其饷；然后选将练兵，号召天下，进取不难。"他还把发展军事力量比作虎、鱼，说"虎不可离山，鱼不可脱渊；离山则失其威，脱渊则登时困死。"这段话生动而深刻地表述了郑成功为实现抗清复明、收复台湾的战略目标而采取的战略总方针，即先立足海疆以固根本，积蓄力量以求发展，慎选战机再进行反攻。

为了实现上述战略方针，达成预定的战略目标，郑成功采取了一系列战略措施：

第一，建立一支高度集中统一、纪律严明和勇敢善战的两栖作战部队。前已有述，这里再强调两点：一是它的集中统一性，

ZHONGWAIZHANZHENGCHUANQICONGSHU

二是它的两栖性。《六韬·文韬·兵道》中说："凡兵之道莫过乎一"，并引用黄帝的话说："一者阶于道，几于神。"就是说，"一"是治军、打仗的重要原则，它要求统一领导、统一指挥，集中使用兵力，只有这些都做到了，才能用兵如神，每战必胜。南明初期，有上百万军队，只因军纪废弛，节制不力，形同乌合，而一触即溃。有鉴于此，郑成功治军特别强调集中统一。郑军的统率和指挥体制，以军、镇（营）为战略单位，军的主将为提督，官阶虽高于镇将，但无建制上的隶属关系，统率和指挥权全都集中在郑成功一人。只有在战斗编组时，才产生临时的配属关系。同时，各军、镇（营）所设监督官、监营官，对所有官兵都有监督权，并直接对郑成功负责。这都是郑军能得以集中领导、集中指挥的重要保证。郑军分陆师、水师两大部分，但陆师也配以战船，要求步兵也熟悉海战；同样，水兵上陆，也必须懂得陆战。

第二，是建立巩固的军事基地，作为征战和收复台湾的战略依托。前已有述，这里需要加以补充的是，依托金门、厦门军事基地，不仅能在闽粤沿海和大陆内部筹措粮饷，还能充分利用金门、厦门所独有的海外贸易必经之地的天然条件，大力经营海上贸易；建立商船队，去日本、吕宋、交趾、暹罗、柬埔寨等国进行海外贸易，用国内的丝绸、瓷器换回铜、锡、硫磺、桐油、腰刀、器械等军用物资；并在厦门设局建厂，制造火铳、火炮，打造战船，以武装部队。

第三，建立情报网络，确保信息畅通，适应事变，提高快速反应能力。就全国战局来说，郑成功局促东南一隅，处于封闭状态。为了及时掌握信息，增强反应能力，郑成功以各地商行做掩护，广设耳目，广泛实施侦察，因而对敌人的兵力部署、动向、一举一动，皆了如指掌。当时有人记载说："成功又遍布腹心于内地，凡督、抚、提镇衙门，事无巨细，莫不报闻，皆得早为之

备，故以咫尺地与大兵拒夺30余年，终不败事。"

第四，在扩军、建设根据地的同时，不断扩大地盘。郑成功深知要抗清复明、收复台湾，必须有大量的战略资源和军事技术、兵器。为此，必须开拓占领区域。这样，既能逐步改变战略上的被动状态，又可获得更多的战略资源，为实现战略目标创造条件。在郑成功举义后的15年内，清军逐渐控制了南中国，只有李定国率领的农民军余部还控制着西南，郑成功部局限于闽粤沿海的狭窄地带，在战略上处于防御和内线作战地位。但是，郑成功不是采取消极被动的作战指导原则，而是采取边作战、边扩军，以战求存，以攻为守的积极的作战指导原则，集中兵力，选择有利时机和突破口，在战役战斗上主动出击。经过与清军在金、厦外围的漳、泉各州县近10年的拉锯战，地方虽有得有失，但始终掌握着作战的主动权，歼灭了清军的有生力量，使其疲于奔命，难以应付，更无力发起对郑成功海上根据地的进攻作战。有的清军将领慨叹说："战敌多矣，最难挫者莫如成功军。"与此同时，郑成功的军队已扩大至20多万，船舰数千艘，金、厦基地也更加牢固。其外围地区，早在永历六年（顺治九年，公元1652年）就控制了南起碣石湾、北至兴化湾长达500多千米的海陆地区，为进行战略反攻和收复台湾创造了条件。

顺势而变，为复台打基础

经过10年的努力，郑成功实现了他创建军队和立足海疆的战略目标。其间，清军主力在西南作战，无法抽出更多的力量对付郑成功，所以郑成功在金、厦外围取得了一系列小的战役、战斗的胜利。他意识到，这些小的战役、战斗，对战略全局难以产生较大的影响，感到有冲出这块狭小天地、到外线作战的必要，而

ZHONGWAIZHANZHENGCHUANQICONGSHU

自身的力量也具备了这个条件。永历八年（顺治十一年，公元1654年），李定国于广东新会被围，向郑成功求援，郑成功未积极及时地出援，导致李定国溃败，反过来又置郑成功自己处于孤军作战的境地。这种后果，郑成功越想越严重，又成为促使他修订、改变战略的重要因素。在这种形势下，从全国抗清复明、收复台湾的全局出发，郑成功决定积极发起战略反攻。他认为，只有实行战略反攻，把战场引向敌占区，才能改变自己长期处于内线作战的不利地位，也才能配合李定国在西南战场的作战，以利于以后收复台湾的登陆作战。

自南明永历九年（清顺治十二年，公元1655年）至十三年，郑成功先后进行了三次北伐，企图攻占南京。第一次北伐，计划邀约李定国会攻南京，因中途为清军所阻，计划未能实现。第二次北伐，大军到达台州、海门时，清福建总督李率泰乘机攻占郑军的一个后方基地闽安，逼近厦门。郑成功腹背受敌，被迫班师回救厦门，北伐未成。第三次北伐，经过艰难曲折，经受过羊山飓风的巨大损失，终于打到南京城下。联合进军的张煌言部，也密切协同，攻克了芜湖及南京周围的4府、3州、24县。郑成功和张煌言率领的抗清大军，所向披靡，锐不可当，充分显示了东南海上劲旅的雄厚实力，促进了全国抗清斗争高潮的到来。战报传到北京，清廷震惊。顺治皇帝惊慌失措，一度打算退出中原，缩回沈阳老家去。但是，由于郑成功的指挥失误，北伐再次失败，损失惨重，不得不回师厦门。

郑成功三次北伐，皆以失败而告终，教训深刻，但从当时战略全局来看，还是必要的。郑成功采取的这一战略决策和战略方针，是适应了形势发展要求的，是应该肯定的。但在时机的选择上，从战略角度看，有些偏之过迟。因为这时，西南的孙可望已向清军投降，清军从孙可望那里了解到李定国内部情况后便连续

进攻云贵，并取得节节胜利。李定国抵挡不住清军的进攻，被迫退入缅境，败局已定。郑成功得不到西南李定国的协同配合，实际上处于孤军深入、独立作战的境地。这时，清军主力逐步从西南回撤，清军又命内大臣达素为安南将军，发重兵进军东南，征剿郑成功。在此情况下，郑成功毅然作出回师厦门的决策，应该说也是正确的。

清将达素率兵南下跟踪入闽，企图在江、浙、闽、粤各省绿营军的配合下，围攻金门、厦门，一举歼灭郑军。南明永历十四年（顺治十七年，公元 1660 年），清军一度攻入厦门，但最后还是被郑成功战败。郑成功分析形势，认为清军决不会就此罢休，还会聚集更多的兵力发起新的进攻，所以，仅踞"弹丸两岛，难以抗天下兵"，因而又面临着新的战略转变问题。

台湾是中国的领土，又是郑成功的父亲郑芝龙的发祥之地。1624 年荷兰殖民者侵占以后，台湾人民惨遭蹂躏，深受其苦。来自台湾的渔民、商人曾多次向郑成功诉说了他们的困难处境，以及台湾同胞进行反抗斗争和荷兰人担心郑成功进攻台湾等情况。郑成功经过反复考虑，决定实行新的战略方针，驱逐荷寇，收复台湾，解救台湾同胞，借以建立、扩大新的根据地。

以上看出，郑成功从举义抗清到收复台湾，历经三个战略阶段，有过两次战略转变。在战略上，郑成功尽管有他失误之处，但总的看，决策还是正确的，应该肯定的。特别是最后一次战略转变，决定在保住金门、厦门的情况下，着力收复台湾，实施渡海登陆作战，赶走了荷兰侵略者，维护了祖国的主权和领土完整，对中华民族作出了巨大贡献。

郑成功之所以能够正确决策，主要在于他能顺应形势的发展，适应历史前进的要求，基本符合实际。如果说郑成功在战略上有所失误的话，最大的失误就是关照战略全局不够，太过于着

ZHONGWAIZHANZHENGCHUANQICONGSHU

眼于局部地区的固本，只顾自身的巩固与发展。如果早些与西南李定国联合作战，抗清斗争形势的发展必将是另外一种结果。然而，郑成功非但没有采取过主动，就是李定国派使者前来要求联合作战时，他也未能予以充分重视并加以利用。当郑成功意识到这一点时，又仓促变消极为积极，急于实行第一次战略转变，率师北伐进攻南京，主观上想与西南战场的李定国起配合作用。他的这一战略意图是好的，但由于一再受挫而延期，结果只能是时过境迁，加之战役指导的重大失误而退守厦门，不得不再次被迫改变战略。

因情用兵，巧战磁灶、小盈岭

郑成功在战略指导上有他的长处和成功的地方，在战役、战斗指导上也有其特点，主要是因敌制变、因情用兵，扬长避短、两栖作战，根据不同情况采取不同的战法。在第一个战略阶段，即建立根据地以固根本的战略阶段中，先后进行过磁灶、小盈岭伏击战，江东桥伏击战，海澄保卫战，泉州海战，厦门保卫战等战役、战斗。在这些非常出色的战役、战斗中，郑成功的作战指挥艺术和早期的军事才能，得以进一步发挥。在作战理论和实践上，也为以后实施大规模的渡海登陆作战、收复台湾，打下了基础。

郑成功夺取金门、厦门后，为了建设和巩固这块根据地，决心"攻取漳泉，以为基业，水陆并进，夺取八闽"，相继进行了一系列的金、厦外围战，与清军展开斗争。郑成功根据战略上郑军处于内线作战的形势，决定选择清军薄弱的地方，集中优势兵力，在战役、战斗中主动出击，相继攻下了福建的长寿、海澄、诏安、平和等地。永历五年（顺治八年，公元1651年）五月，郑

因情用兵

ZHONGWAIZHANZHENGCHUANQICONGSHU

成功率中提督甘辉、左先锋镇苏茂、中锋镇蓝登、宣毅左镇杜辉、智武镇蓝衍等攻下永宁、崇武后，又从漳浦的南澳登陆，迂回进攻漳浦。二十二日，清漳州守将王邦俊率兵数千人于磁灶与郑军对峙。

郑成功十分重视战前动员，勉励将士奋战。他说："欲图进取，先从漳、泉起身。此番杀他一阵，则漳虏慑服，集兵裕饷，恢复有基矣。"将士听后振臂高呼，个个奋勇争先，争立战功。敌军多骑兵，地形又不熟悉，于是郑成功计议以诱敌设伏战法胜敌，遂调戎旗镇埋伏于山坑南，援剿右镇埋伏于山坑北，左先锋镇、援剿左镇埋伏于山坑内侧，由亲丁镇、前冲镇、右冲镇从正面诱敌、接敌。二十七日（一说二十八日），战斗打响后，正如预先设计的那样，王邦俊率清军由正面开来，左先锋即迎敌交战。清兵发觉自己陷入圈套，企图退却。亲丁、前冲等镇郑军按照预先部署，迅速从三面围攻上来。王邦俊大败，损失惨重，急忙率少数残兵败逃。

九月，郑军继续进攻漳浦。王邦俊又率清马步兵数千增援陈尚智，于札钱山列阵对垒。郑成功与诸将讨论战法，根据上月与王邦俊较量，知其"伎俩可见"，而未交战过的陈尚智只是"无名小卒"，为此决定采取"以逸待劳，以饱待饥"战法，遂令各部各自埋伏。二十五日，清兵大摇大摆地直入设伏地段，郑成功令各路迎头痛击。戎旗镇王秀奇、援剿左镇林胜等直捣敌锋，杀伤大半。亲丁镇、前冲镇等立即上前，又杀伤很多敌人，只有很少一部分狼狈逃奔。郑军一直追至龙井，清军大部被歼，只有王邦俊、陈尚智只身逃脱。此役缴获清兵、马匹、军器、衣甲不计其数，敌军尸横遍野。

十一月，清军对连遭惨败甚为恼火，又派杨名高带骑兵数千增援。郑成功分析道：杨名高初次与我军交战，"未知我手段，

必然轻敌",仍以"略地取粮"名义,"诱其来战,先需占据险处迎杀"。又指出,"胜此一着,则援虏计穷,漳、泉不攻自下矣。"于是,郑成功率师由九都登岸,进驻同安城东 10 千米路左右的小盈岭设伏诱敌。根据地形,郑成功令援剿右镇黄山督正兵陈埙等伏于鹊山下,右先锋黄廷督左冲镇康明于岭东设伏,左先锋、援剿右镇等于岭西设伏;另遣亲丁镇甘辉督中冲镇游兵拱宸、游兵营吴世珍等准备赶杀鸿渐山山背上的骑兵;自率主力戎旗镇于岭上坐镇指挥。

郑军部署完毕的当天,杨名高便以 500 精骑打先锋,分兵三路向小盈岭发起进攻。郑成功沉着应战,当清先锋兵进入设伏区域后,令部队暂不发起攻击。三路清兵都进入伏击圈后,郑成功一声令下,只听炮声隆隆,戎旗镇督同援剿左镇等迎击敌中路,援剿右镇等击敌左路,右先锋镇击敌右路,双方展开激战。郑成功于阵中督战,诸镇官兵奋勇砍杀,清兵大部被杀死。从山后边抄杀过来的清兵,也被中冲阵等击退。奇兵营前来助战,杨名高身中数箭,仍继续战斗。此役,郑军大获全胜,顺利地攻下漳浦。

机动灵活,江东桥大败清兵

永历六年(顺治九年,公元 1652 年)正月,郑成功接受清海澄守将赫文兴献城投降后,即派部队进驻,并立即转兵进攻长泰。清军为钳制金、厦两岛,在其周围的长泰、海澄、泉州等地驻有不少军队,郑军只要进攻其中一地,必有附近县城的清军来援。果不出所料,郑军刚到九龙江,就有清兵来援,被大将甘辉及其部将陈俸、欧斌等击退,郑军大本营进驻长泰东门石高山,赶造云梯,进行攻坚。鉴于敌炮凶猛,郑成功改取"攻城为下,以计取之"的策略,令各镇一面从城外挖地道,一面调集兵力准

备打援。

三月初四，清提督陈锦率数万兵马来援，计划分进合击，四面包围郑军：以一部清军由汀州向南，一部清军从潮州向东，一部清军由海上向北，自率主力由同安西进，企图一举将郑军歼灭于长泰外围地区。

陈锦军是清军正规部队，战斗力较强。郑成功决心在清军必经之路江东桥予敌以迎头痛击，以多梯次配备兵力，于大纵深处设阵歼敌；同时于两翼设伏围歼敌人。江东桥，又名"虎渡桥"，横跨九龙江上。根据以往勘察，此桥两侧谷深林密，蜿蜒崎岖，形势险要，是最理想的"迎敌据险设伏之处"。郑军的具体部署是：右先锋黄廷率左冲镇杨琦、奇兵镇杨祖等于山顶扎营，多树旗帜，以精兵伏于山坳待机；选戎旗镇壮勇300人，埋伏于桥南北，与杨琦等为特角，互为应援，并切断通往漳城的大道；左先锋镇苏茂于东尾寨内外设伏；亲丁镇甘辉、礼武镇陈俸等，编成三个梯队，依次排列，"势如常山之蛇，击首尾应，击中则首尾俱应"；另以四前锋镇赫文兴为机动。总的作战意图是：以一部兵力分头阻击北、西、南三面清军，自率主力在江东山迎战清军主力，以正面三线梯次配备的大纵深阵地阻击清军，而在两翼设伏围歼进攻之敌。

三月初十，陈锦率清军前进至牛蹄山，距郑军伏击区3000米。此时，郑军早已抢先占据所有有利地形，待机而动。十三日晨，江东桥一带平静如水。中午，陈锦率清军主力浩浩荡荡地前进。甘辉指挥少数兵士与清军交战，示弱诱敌深入。陈锦率兵至桥头时，四面环顾，沉静异常，疑必有诈。正当陈锦观望、犹豫之际，郑成功下令连发三枝火号，伏兵四起，火箭、火筒、火罐齐发，郑军团团地将清军包围，被杀死的清军兵士尸体，遍地皆是。部分清兵继续顽抗，郑成功亲率戎旗镇官兵奋勇出击，歼其

大部，少数清兵败逃。接着，陈俸、甘辉、黄廷等迅速出击，前后夹攻，清军全部被歼，陈锦只身逃跑。陈锦败逃后，再不敢回同安城，不久被其侍卫刺死，将首级献给了郑成功。郑成功遂顺利地占领了长泰。清廷文武官员闻陈锦惨败，大为震惊，再不敢轻易对郑成功用兵。

神机妙算，保卫海澄

郑成功占领长泰后，立即乘胜转兵进攻漳州。清军江东桥战败，不敢轻易与郑军交战，但又不能眼看郑军攻漳州而坐视不管。遂于永历六年（顺治九年，公元 1652 年）九月，调固山金砺统领浙、直满汉八旗兵万余，增援福建。郑成功于漳州外围的古县迎战，未能抵御清军的猛烈冲击，被迫退守海澄。

海澄，位于厦门之西，是厦门的门户，也是连接漳、厦的中间要点，控制在手，对稳定战局关系重大。面对敌众我寡的形势，郑成功决定改变战法，准备依托城防，实行坚守防御。他调集大批兵力、民力，增修和加强海澄城防。经过加固，城墙高 7 米多，将原有的五都土城连接起来，周长大增。墙用灰石砌成，上有短墙，可安装大小铳炮 3000 多号。周围又环以港水，又宽又深，外可通舟楫，内可积储军粮、军器，利于久守。

清将金砺等认为，要想援助漳州得手，必须首先收复海澄，消灭郑军，但又念念不忘清军在江东桥的惨败，不敢轻易动手。永历七年（顺治十年，公元 1653 年）四月，金砺把新任福建提督刘清泰拉上，凑集数万兵马，合师进攻海澄。郑成功闻讯立即作了战前部署：命左军侯林察、右军周瑞、后军周崔之、前镇阮骏、援剿前镇黄大振等率师前往海坛迎战。二十八日，清军开始前出，进抵祖山头。赫文兴飞报郑成功，郑成功率一部精兵于五

月一日抵海澄坐镇，并调整了兵力部署：令张英负责带领城内民众运输战具；陈六率师防御城内，林胜堵截南门外桥头，沈明守中权关；以一部正兵、奇兵镇守土城、九都城，赫文兴、王秀奇、陈尧策等镇守远寨，黄廷、甘辉守关帝庙；又令杨权、蔡新驾船迂回敌后，侧袭清军；郑成功亲率主力驻妈宫，登城坐镇督战。

五月初，清军开始攻城。郑成功登上将台，亲自督战，为鼓舞官兵士气，取出"招讨大将军印"，称谁能死守并立大功，就将此印转赠给谁。将士听后，看到成功如此坚决，纷纷请战，民众也纷纷表示支持。郑成功又以酒菜犒劳将士，群情激奋。大将甘辉举杯祝酒说："古人云：'人生自古谁无死，留取丹心照汗青。'此战我们要奋勇杀敌，倘有不测，也是死得其所！"于是，众将士和民众努力同心，决心死守。郑成功见军心士气如此高昂，十分高兴。他登上观敌台观察敌情，左右告诉他，敌人炮火齐备，要多加小心。郑成功笑着说："只有炮弹躲我，哪有我躲炮弹之理！"话音未落，一发炮弹便落在郑成功坐过的地方。他传令诸将士，要注意隐蔽，伺机破敌。经过清军一昼夜的炮轰，城防工事损失严重，郑军人员也有很大伤亡。但城内民众仍冒着炮火运送火药、军器，抢修工事，士气大振。

郑成功召集诸将分析战况，研究战法。他判断清军即将发起总攻。他说："昨天，我接到侦探来报，说敌人的火药、钱粮快要用完，无法接济，敌人肯定要速战速决。我料定他们今天晚上就要炮轰一番，明天黎明时可能集中一切力量来同我决一死战。敌人如不能取胜，必将撤退"。又说，清兵过河时，"必用空炮助其声势，愚我耳目"，"虏之伎俩，在吾掌中，料之审矣。"经过一番分析，郑成功谕令将士：当听到敌人空炮声之后，不要急于还击，应拿起刀斧，列阵以待，做好准备。待敌军全部渡过护城

河时，再以迅猛火力突袭、杀伤敌人，听到统一号令后，再行出击。又命戎旗神器镇将所有火药埋于护城河内，挖暗沟将导火索另一端通至阵地，待命引火。

初六晚上，果如郑成功所料，清军开始发炮猛轰。郑军的虚垒几乎被炸成平地，但将士躲在预先挖好的避弹坑和掩蔽部内，没有伤亡。到五更天亮时，清兵边前进边放空炮，走在最前边的是汉兵，满洲八旗在后边跟进。郑军守城将士的前沿部队，见清兵向城上爬时，奋勇出击，挥舞大刀砍死大量清兵。后边跟进的清兵，看不清前边的情况，继续蜂拥而上，结果又被砍死大半。天亮以后，郑成功见清兵已越过护城河，立即下令引爆预先埋设的地炮，将渡河清兵全部炸死。郑军开始反击，清军精锐尽失，此战最后以清军的彻底失败而告终。

此役所以取胜，主要是由于郑成功战前动员有力，士气高涨，敌情判断准确，巧用战术，指挥得当。特别是他能及时接受古县战败的教训，机动灵活用兵，果断地将前几次用过的野外设伏战法改变为依托城防工事进行防御，避开了自身兵力、火力的不足和抵挡八旗骑兵不力的短处。

扬长避短，郑军获泉州大捷

清军一系列的战败，迫使清廷暂缓军事进攻，改用政治招抚策略。郑成功则利用这个机会，加强根据地建设。永历九年（顺治十二年，公元1655年），清廷感到招抚无效，而郑军更加发展壮大，慑于郑军对闽、浙的威胁日重，命郑亲王世子济度为定远大将军，再次率军3万向郑军发起进攻。

郑成功侦知济度统率满汉大军进犯福建，立即召集诸将研究破敌战策。左提督赫文兴等认为，己方军事实力已相当强大，主

ZHONGWAIZHANZHENGCHUANQICONGSHU

张正面迎敌。参军冯澄世却说:"敌军以骑射为特长,加之陆上粮草供应充足,与之对垒,恐难以取胜。假如初战失利,难免影响军心士气。不如诱敌深入,令我军退守厦门及各岛,养精蓄锐,以逸待劳,伺机出战。清兵不习水战,而水战却为我军之长。如果诱敌深入,以我之长,击彼之短,在海上消灭敌人,必胜无疑。"郑成功认为,冯参军诱敌深入、以长击短的战法可取,遂决定放弃陆上所占各城,尽撤主力部队返回海岛,迫使清军到海岛上来作战。于是,郑成功命令全军:除留一部分兵力防守海澄,以牵制敌人并作为机动力量外,其余各镇退守厦门等海岛;安平镇的所有家眷、财产,也都转移到了金门;同时,还派部分兵力南下,抵御有可能从广东方向的来犯之敌;另派一支军队北上,与正在北伐的张名振部队协同作战,并牵制敌军。

清将济度见郑成功如此调度,防守严密,不敢轻易前进。至次年四月,才由泉州湾入海,直奔厦门。济度令韩尚亮为先锋,分兵三路:一路攻白沙(今福建晋江南),一路攻金门,一路攻厦门。郑成功根据济度的兵力部署,将郑军兵力进一步作了调整:令林顺等以大熕船14艘从围头(今晋江金井南海角)出发,迎击敌人;陈魁等率大炮船12艘,出料罗;郑泰率舟师应援;万礼等率战船10艘、快哨船10艘,于高崎、浔尾及圭屿一带巡逻,以防海澄等港遭敌人偷袭;翁天祐、王秀奇在厦门一带密切侦察海上敌情。

战斗开始后,郑成功指挥左协王明铳船先向韩尚亮船发一大熕,将其击沉,清将韩尚亮落水淹死。清军失去指挥,顿时大乱。信武营陈泽等乘势追杀,清兵溃散。又逢海上飓风袭来,清军不习水战,不知赶快回港避风,全被吹得七零八落,清战船尽被郑军焚毁,清兵多被俘获,战斗以清军的彻底失败而告终。

此役,郑成功根据作战双方军事上的特点,以扬长避短战法

为指导，果断地将主力部队退往海岛，迫使敌人进行海战，是取得全胜的根本原因。此后数年，清军再不敢轻易向郑成功发起大规模进攻，从而为郑成功进行收复台湾的准备工作，争取了时间。

以攻对攻，厦门保卫战获胜

郑成功北伐失败撤兵厦门，清廷错误判断，认为郑成功兵力尽失，难以再战。遂派安南将军达素从北京南下，增援南京。配属给达素的还有浙江明安达礼部八旗军及沿海各省绿营水师，企图一举消灭郑军，攻占厦门。

保卫厦门，打赢厦门保卫战，对于郑军来说有着特殊重要的意义。因为，厦门保卫战发生在郑成功准备实施渡海登陆作战、收复台湾的前一年。在这个关键的历史关头，能不能打败大举进攻的清军，能不能保住厦门，直接关系着郑军的命运，进而关系着郑成功收复台湾、统一祖国大业的成败。事关全局，郑成功决心动员全军，誓死保卫厦门，发挥水师海战之优势，歼灭大举进攻之清军，保住金、厦根据地，以利来年东征实施渡海登陆作战，收复台湾。

永历十四年（顺治十七年，公元1660年）正月二十一日，郑成功闻报达素率清军入闽，立即编队命官，调集部队，检修舰船，做好迎战准备。三月，达素率军抵泉州，计划分兵三路，即由同安、围头、海澄对厦门实施分进合击。面对气势汹汹的各路清军，郑成功面谕诸将说，要战败敌人，我们应当有"必胜之算"。他分析了作战双方力量的强弱后说："虏欲舍弓马长技，以与我争横于舟楫波涛之间，以寥寥船只，驱叛兵残卒而尝试之"；又说这是敌人自失其优势，"主客之形既不相如，水陆之势又甚

厦门保卫战

悬绝，其胜败固已了如指掌矣"，意指有利于发挥我之长处。于是，郑成功决心以己之长，击敌之短，采取以攻对攻的战法，在海上与敌决战，先集中兵力歼其一路，以打破敌人的合围。在兵力运用上，先以一部分兵力分两路阻击同安、围头方向之敌，再自率主力集结于海门海域，迎击海澄方面之敌。具体部署是：派援剿右镇林顺、礼武镇林福防守海门；右武卫周全斌、提督亲军骁骑镇防守剌屿尾；游兵镇胡靖、殿兵镇陈璋为陆师，守高崎等处；援剿后镇张志为水师，停泊高崎做机动；礼武镇林福防守倒流寨。郑军上下思想统一，准备周全，对胜利充满了信心。

四月二十六日，清军自泉州港驾船 200 艘前出至芝澳（今晋江东南海角），次日至围头，因受到郑军阻击，犹豫不前。二十七日，同安港清军 100 多只战船、漳州港 300 只战船待命出港，约定初十同时进兵。初十上午九时，漳州港大小船只 400 多艘进犯圭屿（厦门、海澄交界处）。郑成功亲临指挥，令不得过早行动，要等大潮下落、风平浪静时再听令而行。不久，时机到来，郑成功令旗一挥，郑军战船冲向前去，正副炮船突袭而入，将清一八旗水师战船兵士全部消灭，生俘另一战船全部官兵，其余敌船也被冲散。接着，郑军战船又乘风势向敌船猛冲猛杀。不多会，清军战船有的被撞沉，有的被焚毁，有的被擒。降清的黄梧、施琅也参加了此次作战，但只在远处观望，不敢近前支援。午后，南风盛发，郑军另一支水师从语屿（厦门南 50 海里）迅速驶来。清军战船逃跑不迭，却不熟悉航路，全部搁浅于圭屿，船上兵士爬上岸的 300 多人，顽抗者全被杀死，有的溺死海中，有的投降。

另一支从同安南北港前往圭屿增援的清军战船，拥挤不堪，不成队形，只好在赤山坪靠岸。郑军右协陈蟒从右翼杀来，领旗协刘雄从水墘出击，前冲镇也急速从东面开来协同作战。此地水

ZHONGWAIZHANZHENGCHUANQICONGSHU

浅泥深，双方交战，胜负难分。此时，潮水猛涨，风大浪高，清军兵士忍受不了上下颠簸，有的投降，有的溺死泥泞之中。只有少数漂流较远的清军战船逃回。

厦门保卫战，双方激战一天，以郑军大获全胜而告终。达素所率清军主力虽一度登上厦门岛，但终因其不习水战而遭致歼灭性打击，被歼万余人。达素回到福州，因害怕清廷治罪而自杀。

从以上所述五次战役、战斗来看，郑成功在作战指导上不拘一格，能够因情用兵，能随着敌情、敌将和地形、天候等条件的变化，采取不同的战术，机动灵活作战。特别是郑军善水战的特长得以充分发挥，这是郑成功屡战屡胜的基本因素。他还掌握一条，就是"逸则进，劳则退"，对自己有利、条件充足时就打一仗，对自己不利、条件从优转劣时就收兵，把自己的根据地建设好。从这一客观实际出发，郑成功既能挥兵勇往直进，又能带兵大踏步后退，作战的主动权始终牢牢掌握在自己手中。郑成功之所以能够做到得心应手地用兵，全靠他有一支能水能陆的两栖部队和熟悉所据海域的情况。这对郑成功来说，既是他的优势，又是他的局限所在。它使郑成功无法更大规模地扩充实力，无法在更广阔的天地里成长壮大。尽管取得了不少次战役、战斗的胜利，但始终不能改变抗清的战略全局，因而未能对清军进行致命性打击。相反，郑军始终处于被清军战略包围的状况。

就是在这种战略格局下，民族英雄郑成功仍然心怀祖国统一，总想早日收复祖国的神圣领土台湾。厦门保卫战的全胜，给清军以严重的打击，使郑成功获得了一个相对稳定的战略环境，得以集中精力，加速收复台湾的准备工作。

五、坚贞不屈的民族气节

郑成功的抗清，同当时全国各族人民的抗清斗争息息相通，是全国人民反对民族统治、反对民族压迫事业的一个重要组成部分，因而是正义的。郑成功自幼受过儒家忠君爱国的教育，历史上岳飞、文天祥的事迹，特别是在南京时亲眼目睹的史可法誓死守扬州那种英勇不屈的斗争精神，以及满洲八旗兵在江南进行残酷屠杀时当地人民不畏强暴、视死如归的坚强斗志，都鼓舞和激励着他的抗清意志。然而，清朝统治者过低地估计了郑成功抗清的决心和信心，错误地以为郑成功可能在其父郑芝龙的敦促和高官厚禄的诱引下会妥协投诚，于是采取军事进攻和政治招抚并用的策略。可是，郑成功在亲情、官爵面前，没有丝毫的动摇，表现了坚贞不屈的民族气节和"威武不能屈，富贵不能淫，贫贱不能移"的民族精神。这是清朝统治者所没有想到的。

将计就计，借机筹粮

南明永历六年（顺治九年，公元 1652 年），郑成功为扩大军事基地，巩固后方，准备收复台湾，相继攻下海澄、诏安、南靖、平和，进而围困漳州。清廷派浙闽总督陈锦率大军增援，结

ZHONGWAIZHANZHENGCHUANQICONGSHU

果落得兵败将亡的下场。对此，清军将帅和地方官员，谈虎色变，惊恐不安，纷纷向清廷建议，利用手中握有郑芝龙（郑成功之父）这张王牌，向郑成功招降。有一份密奏说，郑芝龙先受抚于明，后又降于清，幻想其子郑成功也不难受抚。于是建议清廷派督员刘清泰前往"察彼情形，量我兵力，能剿则剿，当抚则抚。"具体办法是，"着郑芝龙作书，严谕郑成功及伊弟郑鸿逵等率兵归顺，宥其罪过，量授官职，仍住厦门地方。"（顺治九年《密奏招抚郑成功稿》，《明清史料》丁编第一本）清廷予以采纳，一面令郑芝龙给郑成功写信，一面敕渝刘清泰着手进行招抚。

不久，刘清泰收到敕渝："今已令郑芝龙作书，宣布朕之诚意，遣人往谕成功及伊弟郑鸿逵等知悉。如执迷不悟，尔即进剿。如郑芝龙家人回信到闽，成功、鸿逵等果良心悔过，尔即一面奏报，一面遣才干官一二员到彼审察归顺事实，许以赦罪授官，仍听驻扎原住地方，不必赴京……若能擒贼海中伪藩（按指鲁王朱以海），不吝爵赏。"（顺治九年十月《敕渝刘清泰招抚郑成功等稿》，《明清史料》丁编第一本）与之同时，清廷还命郑芝龙相继派亲信周继武捎口信给郑成功，说清政府马上派人去议和，劝郑成功作好投诚准备；又派家人李德送信给郑成功说，如投诚清朝，可以封为海澄公，还劝其将鲁王朱以海献出，作为自己升官发财的阶梯。

郑成功收到周继武和李德送交的郑芝龙的亲笔信后，十分气愤。他非但未把受自己保护的朱以海交给清政府，反而把他送到更加安全的南澳岛去了。郑成功复信其父说："儿南下数年，已作（做）方外之人。张学圣无故擅发大难之端（按指张学圣派马得功袭陷厦门事），儿不得不应。今骑虎难下，兵集难散。"（杨英：《先王实录》永历七年正月）郑成功拒绝投降，并仍派兵进攻揭阳。

永历七年（顺治十年，公元 1653 年）八月，周继武、李德又

持郑芝龙的亲笔信赴闽去见郑成功，声称清廷准备赐地议和；又派官员持顺治帝封郑成功为"海澄公"的大印到福建，许以郑成功可在一府之地安插兵众。郑成功感到形势有利，需要采取灵活策略。于是召集诸将讨论，认为前几年连续用兵，虽攻取不少地方，但兵马钱粮消耗不少。现清廷提出议和，正是我们发展自己的大好时机，倒不如"将计就计，权借粮饷，以裕兵食也"（杨英：《先王实录》永历七年八月）。众将一致拥护。于是，郑成功抓住这个机会，一边令部队分兵四处措饷筹粮，一面与清政府谈判周旋。

郑成功主意已定，于是挥笔回信给父亲郑芝龙，表示自己的行动是正义的，同时也揭穿清廷过去提出的各种条件全是骗人的鬼话。郑芝龙降清被挟持北去时，清将博洛"卑辞巧语"，以"三省五爵"相诱，还说率师出征时可以回福建看看老家。时间已过六七年，这些许诺一个也未兑现；现在又以三省之虚名"转而唃儿"，也是不可能的。以让郑芝龙知道实情，不要对清政府抱不切实际的幻想。这时，郑成功用不战不和的态度，应付时局，牵制清廷。

次年正月，清廷又指使郑芝龙写信，答应由原来提出的一州扩大至兴化、泉州、漳州、潮州四府地方交予郑成功管理，并封郑成功为海澄公、郑鸿逵为奉化伯。郑成功开始不予理睬，后为争取发展自己的时间，就派中军常寿宁、郑奇逢到福州，与清廷进行对等谈判。清朝官员强令郑成功谈判代表常、郑二人按清朝礼节行跪见礼，他们二人不从，谈判未成。郑成功得知常、郑二人在强敌面前不屈服，称赞他们为能干使者。二月初六，郑成功在杨祖、周全斌等的护卫下，亲自到安平东山书院接见清朝使者。来使掏出清顺治帝的诏书交给郑成功，郑成功未打开便扔到一边去了。郑成功义正辞严，坚决不答应清廷的任何条件。清朝的两位谈判代表被训斥了一通，便溜回北京了。

郑成功将计就计、不战不和的策略运用，又为他赢得了两三年的时间。于是，郑成功下令："乘势分遣各提督、总镇，往福、兴、泉、漳属邑派助、乐输。"（杨英：《先王实录》永历八年三月）清驻福建的军队也因处于和谈之中而不敢阻止。其间，郑军到漳、泉等地派征兵饷 20 万，到云霄征饷 5 万，到龙岩征饷 20 万，到惠安、仙浙征饷 30 万，在一定程度上解决了粮饷不足的问题。清福建巡抚不得不承认说："郑成功无投诚归顺之意""名为受抚，实恣剽劫""借抚局以饵我"（《明清史料》丁编第一本第 106 页）。

拒降训弟，大义灭亲

清朝政府使者一连串的禀报，异口同声地说郑成功毫无受抚之意，使得清朝统治者再无耐心等下去。永历八年（顺治十一年，公元 1654 年）八月，清政府又派内院学士叶成格、理事官阿山和李德、周继武带着"四府安插"的诏书到福建，同时又派在京的郑成功的弟弟郑渡、郑荫拿着郑芝龙的亲笔信随同前往。十九日，李德、周继武到厦门，报告清朝二使与郑渡到达的消息，要求郑成功派人到福州迎接。郑成功顺手写了几个字，让周继武转交使者，不去福州，只能到郑成功的家乡、郑军大本营安平相见。二十四日，清使到泉州后，有些不耐烦，又让周继武向郑成功传话："藩不剃头，不接诏；不剃发，亦不必相见。"（杨英：《先王实录》，永历八年八月二十四日）郑成功仍不予理睬。

九月初七，清使派郑成功的弟弟郑渡、郑荫去见成功，企图用他们的手足之情感化郑成功。郑渡一见成功，便扑通跪下，痛哭流涕地说："父亲在京不知经过多少斡旋，才有今天和议之事。

ZHONGWAIZHANZHENGCHUANQICONGSHU

此番哥如不归附，全家性命难保，希望哥哥以骨肉之情为念，归降清朝。"郑成功严肃地训斥道："你小小年纪，不懂事理。历来改朝换代，对投降的人来说，都没有好结局，像汉光武帝那样的极为少见。父亲过去已经走错了路，我难道还要再重蹈覆辙吗？只要我一天不受诏，父亲在京还可能平安无事；假若我硬着头皮受诏，剃发投降，那我们父子兄弟们的前途就很难保住了。你不必再说了，难道我不是人，连自己的生父都忘了吗？问题是，这内中的道理不那么简单啊！"郑成功扶起了弟弟，并请他们吃了饭，希望他们以后再也不要提归降之事。几天之后，郑渡、郑荫回到泉州，告知清使者只能在安平相见。

郑成功召集诸将讨论与清使者谈判之事。众将都支持郑成功坚决不降的立场，但又很同情郑成功的处境，担心由于郑成功不受抚可能给家人带来的不幸。郑成功看到众将和自己志同道合，同心同德，十分欣慰地说："成功我抗清复明，收复台湾的决心不变。历史上齐王田荣的弟弟田横，在韩信灭齐之后率众500多人远遁海岛，后来刘邦召之入京，他尚能宁死不屈，其500部众亦一起自杀殉难；而我们与清朝有不共戴天之仇，大家同甘共苦，征战8年，难道还会改变主意吗？绝不屈膝投降。家父若遭不幸，那只能怪他自作自受。我决心大义灭亲，不要说投降，就是讲'和'一字，也不能出口啊！"部将看到成功宁肯大义灭亲也不投降的决心，无不感动得热泪滚滚。

十七日，郑成功于安平镇报恩寺设帐与清朝使者相见，在去安平的路上，部署好水陆大军，连营数十千米，刀枪林立，旌旗招展。清朝使者原来执意要在福州相见，现不得不服从郑成功的安排，只好硬着头皮来到郑成功的家乡安平镇。二使者看到郑成功身披铠甲，腰携宝刀，横眉竖目，一派豪杰气魄，心里阵阵发怵。郑成功开门见山，要使者打开诏书，看看都说些什么。使者

ZHONGWAIZHANZHENGCHUANQICONGSHU

拒降训弟　大义灭亲

说：留头不留发，留发不留头。不先剃发，不是清朝大臣，不可宣诏。郑成功一听，还是坚持要剃发，这不分明是迫降吗？于是大声斥责说："成功生是大明的臣子，死是大明的忠魂，想迫我投降，那是痴心妄想！"谈判陷于僵局，清使者怏怏而去。

几天后，清方又派郑渡、郑荫再次去逼郑成功投降。两位弟弟央求说："谈判毫无结果，两位清使回去不好办，我们二人也没法交代，父亲的处境可就更加危险了！"郑成功气愤地训斥他们："我意已决，不要再多说了。"

二十九日，清朝使者催促郑渡、郑荫、黄征明及郑芝龙的妻子颜氏回北京。黄征明要求郑成功给郑芝龙写信，直接告知和议状况。郑成功答应其要求，义正词严地写道："我已词尽而意决，虽天翻地覆，誓无更改。"同时，也给弟弟郑渡写了一封信："兄弟隔别数载，聚首几日，忽然被挟而去，天也！命也！弟之多方劝谏，继以痛哭，可谓无所不至矣。而兄之坚贞自持，不特厉害不能以动其心，即斧刃加吾颈，亦不能移吾志。何则？决之已早而筹之已熟矣。"（杨英《先王实录》，永历八年九月二十九日）这两封信，措辞何等正大，态度何等坚定，翻开历史看看，在强权面前，态度如此坚贞者有几？

清顺治皇帝从使者那里得知郑成功坚决不降，恼羞成怒，立即将在京的郑芝龙下狱，将郑芝豹流放黑龙江宁古塔。后来，郑芝龙及其在京的 11 口家人全部被杀。这就是郑成功所说的历史上投降之人的可耻下场。而郑成功则如同自由飞舞在空中的雄鹰和凤凰，翱翔在千刃之上，悠悠乎太空宇宙之间，纵横驰骋于天穹之中，统率着千军万马，所向披靡，百战百胜。他先是从事反抗民族压迫的伟大事业，继而又从事反对外来侵略、收复祖国宝岛台湾的伟大事业，而且都取得了胜利，在中国历史上写下了辉煌的一页。

ZHONGWAIZHANZHENGCHUANQICONGSHU

六、台湾自古以来就是中国的
神圣领土

祖国的宝岛——台湾

台湾位于祖国大陆东南海面上，北回归线横穿它的南端，北临东海，东临太平洋，东北与琉球群岛为邻，往南则为菲律宾群岛，西隔台湾海峡与福建省相望，与大陆最近距离为 70 多海里。它不仅是我国东南海上的天然屏障，而且是东南的海上交通要道和通向太平洋的重要出海口，具有极其重要的战略地位。

台湾由台湾本岛、澎湖列岛、钓鱼岛等几大部分组成。台湾本岛南北长 394 千米，东西宽 144 千米，面积 3.6 万平方千米，是台湾的主体，为我国第一大岛。离其较近的火烧岛、红头岛、龟山岛、彭佳屿、棉花屿等 14 个岛屿，合称台湾本岛。澎湖群岛位于台湾海峡南部，由 88 个大小岛屿组成，总面积 127 平方千米。钓鱼岛群岛有 8 个岛屿。加上其他一些小岛，台湾省共有 110 多个岛屿。

台湾中部和东部为山地、丘陵，高度大多在 1000～3000 米；西部为平原和山地，地势平坦，海岸一般为沙岸，沿海水深较

小；东部多为陡峻的高山，海拔 3000 米以上的山峰就有 62 座，海岸亦多为砾岸，沿海水深较大。台湾的海流有两大系统，一是台湾暗流，终年从南向北流动；一是大陆沿岸流，它随季风方向的变化而呈东北流向或西南流向。台湾的潮汐、潮流都比较复杂，潮汐有正规潮、不正规半日潮和不正规日潮。西海岸为半日潮，每天出现两次高潮、两次低潮。台湾附近的潮流又比较复杂，西海岸的潮流基本上与海岸平行，涨潮时流向西南，落潮时流向东北。这在军事上十分重要。

台湾岛上气候宜人，山川秀丽，风景幽美，土地肥沃，物产丰富。台湾地处北回归线，属亚热带、热带气候。岛上雨量丰富，森林茂密，树种达 4000 多种。阿里山有一棵树龄长达 3000 年的红松树，被称为"神木"。农作物有稻米、甘蔗、茶等，可一年两熟或三熟。台湾盛产香蕉、菠萝、柑橘、荔枝、龙眼、芒果等，有"水果之乡"的美称。台湾矿产资源丰富，有金、铜、煤、石油、硫磺等 100 多种。台湾四面环海，属暖、寒流交汇地区。水产资源丰富，常见鱼类有 400 多种，是我国著名的渔场。同时也是著名的盐场。岛上山清水秀，有著名的阿里山、日月潭等景点，风景区林海有樱花、云海等盛景。总之，台湾不愧为祖国的第一大宝岛。

"台湾"名称的由来

"台湾"，据专家考证，在三国时期叫做"夷州"，隋代开始称为"流求"，一直到宋代。元代将"流"字改为"瑠"，其实还是同音、同字，只是写法不同。明代，有时称"大流球"，有时称"小流球"，实际上指的都是台湾。

明代中叶以后，由于新大陆的发现，促进了海上贸易的发

ZHONGWAIZHANZHENGCHUANQICONGSHU

美丽的台湾

展。台湾海峡来往商船也日增，过往台湾的人越来越多，于是人们往往又用不同名称称呼台湾。当时，从福州驶往琉球的日本商船，横渡台湾海峡到台北靠岸时，选定了一座高山做标志。这座高山的形状像个鸡笼子，遂称之为"鸡冠山"，后来逐渐把这座山名作为对台湾北部沿海的通称。这个登陆的地点，就是现在的"基隆"港。祖国大陆和澎湖列岛上的渔民多到台湾西部停泊，他们也给自己靠岸的港口起了个名字叫"魍（网）港"，后来转音为"北港"，并用此名称呼台湾的中部沿海一带。另外，一些大陆商船、渔船，有时到台湾南部登岸，登岸后还与当地的平埔人进行交易，于是也把在南部登岸的港口称之为"大员"（读为台窝湾，今台南市安平镇），同样也用这一名称作为那一地区的称呼。后来，根据谐音，又逐渐转称为"台员""大湾""台湾"。另有一个说法，就是台湾的地形弯如弓，从海面浮出如平台，合在一起就称为"台湾"了。

台湾南部地势平坦，土地肥沃，居民较稠密，农业发展较快；同时，港阔水深，便于更多的大陆商船、渔船停靠，所以，商业、渔业也发展得较快。于是，台南地区便逐渐成为全岛的政治经济中心。由此可见，"台湾"这个名称，是逐渐演变来的，而完成这一演变大约经过了几百年的时间。

祖先对台湾的开发

台湾，无论从地理位置还是历史渊源来看，都与祖国大陆密不可分。据国内外地质学家的研究，从古地理学、人种学、考古学的角度来考察，台湾是隶属于祖国大陆的"大陆岛"。早在更新世末期，它就与祖国大陆连接在一起，是大陆的一部分。由于地壳运动，直到5000年前，才最后与大陆分离，成为"大陆岛"。

据有关材料考证，早在 3 万年以前的旧石器时代，中国内地上的人类就发现了台湾，并在台湾岛上生息繁衍，因而台湾岛上的文化和大陆的文化相同。1970 年在台南左镇乡出土的人类头骨化石和 1968 年在台东花滨乡八仙洞发现的旧石器，可以充分证明这一点。新石器时代遗址大坌坑、凤鼻头和圆山出土的肩石斧、有段石锛和印纹陶等证明，台湾古代文明的发展历程与华南大陆文明的发展息息相通。它们有机地组成了一个不可分割的民族文化共同体。

从人种学角度来说，台湾岛上的人类就是大陆百越族群的一支——闽越人。先秦史籍《山海经》《淮南子》等可印证这一点。从血缘关系方面看，台湾土著居民的祖先源于亚洲大陆。据研究，台湾高山族保留下来的许多习俗，诸如图腾崇拜、断发纹身、埋葬方法等，都与古代闽越人的习俗完全相同。一千多年来，福建、广东等省的移民，同岛上高山族人民共同对台湾省进行了开发和建设。

从史籍和文献记载及行政管辖方面看，早在两汉、三国时期，东吴皇帝孙权就曾派将军卫温、诸葛植率兵万人到达过夷洲，即台湾。隋朝大业三年（公元 607 年）、六年（公元 610 年），隋炀帝分别派朱宽和武责郎将陈稜率兵去过台湾，当时叫流求。隋朝军队到达时，台湾居民以为他们是商人，便跟他们做起了生意。据台湾地方志记载，在台东曾发现刻有唐玄宗年号"开元"二字的石碑。这说明，隋唐时期台湾与大陆已有了初步的政治、经济往来。

宋代以后，大陆汉族移住澎湖、台湾的人数逐渐增多，并对台湾的开发起了主导作用。周必大在其《文忠集·汪大猷神道碑》中称：宋乾道七年（公元 1171 年）四月，有不少泉州人前往平湖（即澎湖），上岸后在那里"种植粟、麦、麻"。考古学家还

在澎湖的吉贝屿、大屿、八罩岛等处发现了宋代民居遗址，出土的瓷器、钱币、铁器等都是宋代的。在台湾本岛也出土过大批宋代钱币和陶瓷。据记载，元代把澎湖视为泉州的"外府"，多有贸易船只往来。元顺帝时，汪大渊在《岛夷志略》中说，泉州人从泉州到澎湖，顺风二昼夜可达，在那里"泉人结茅为屋居之"，这正是福建泉州人开发澎湖的历史记载。这说明宋元时期，大陆与台湾间的经济往来有了进一步加强。

明清两代，是汉族大量移入台湾、开发台湾的重要时期。早在明初，"内地苦役，往往逃于其中（指澎湖），而同安、漳州之民居多。"永乐年间，三宝太监郑和七下西洋，途中曾到台湾取水，还种姜为人治病。崇祯年间，福建旱情严重，有大批灾民到台湾、澎湖谋生。郑芝龙在福建巡抚熊文灿（？～1640年，因招抚郑芝龙有功擢升兵部右侍郎总督两广军务）的支持下，曾大批地将福建地区的居民向台湾输送，并给予耕牛和银两，鼓励他们到台湾开荒种地。这不仅解决了福建灾民的衣食困难，同时也大大增强了开发台湾的力量。郑成功收复台湾后，官兵家眷尽行迁移，对开发和建设台湾更是起了极为重要的作用。

历代中央政府对台湾的管辖

随着大陆与台湾经济联系的日益频繁，中国的封建王朝大约从公元3世纪开始从政治上管理台湾，设立行政机构，加强了对台湾、澎湖的行政管辖。

三国时期，东吴孙权曾派遣将军卫温及诸葛植率甲士万人前往台湾（当时叫夷州），后因将士不服水土和疾疫流行，"死者十有八九"。这次远征，虽然付出了沉重代价，但这是大陆封建王朝的政治势力第一次到达台湾，从而密切了大陆与台湾的政治

ZHONGWAIZHANZHENGCHUANQICONGSHU

联系。

大业三年（公元607年），隋炀帝遣羽骑尉朱宽和海师何蛮渡海去台湾（当时叫流求）慰问。次年，隋炀帝又派朱宽赴台慰抚，并于公元610年再派虎贲郎将陈稜和朝请大夫张镇周率万余兵马，从义安郡（今广东湖州）赴流求（台湾）进行征服。

宋孝宗乾道七年（公元1171年），泉州知州汪大猷"曾遣军民屯戍澎湖"。这说明，当时中国中央政府已在澎湖驻军。到宋理宗时，福建海官监督赵汝适写的《诸蕃志·毗舍耶》又载："泉（州）有海岛，曰澎湖，隶晋江县。"这说明，当时台湾已正式纳入中央政府的管辖之内。

元世祖忽必烈时开始在澎湖设立巡检司，负责收纳盐税和招抚瑠求。《元史·文苑传》中称陈信惠曾任"澎湖巡检"一职。这是中国中央政府首次在台澎地区设立行政管理机构和派驻行政长官。

明朝初年，朱元璋为了防止逃亡海上的方国珍、张士诚等残余势力东山再起，防止倭寇内犯，推行过一段时间的海禁、迁界政策。在这种情况下，原有的澎湖巡检司便被撤销。嘉靖年间（公元1522～1566年），为了禁止海外商人前来贸易，明政府又在澎湖重建巡检司，设官守御。万历年间（公元1573～1619年），东南海上倭寇为患，又面临日本侵犯澎湖、台湾的威胁，明中央政府又"增设游击，春冬汛守"，将对台澎的守御纳入整个对外防御体系之中。天启（公元1621～1627年）以后，西方殖民者开始侵扰中国东南沿海，于是在防御澎湖、台湾的作战中，又相继出现沈有容、俞咨皋这样的名将和后来辅佐南明、收复台湾的民族英雄郑成功。

综上所述，大量的事实证明，台湾自古以来就是中国领土不可分割的一部分。无论是从地缘关系、血缘关系上看，祖国大陆

和台湾都是一脉相承的。台湾的居民绝大多数是从福建移民过去的。台湾的高山族人民也是中华民族祖先的一个分支。正是大陆移民过去的汉族和当地高山族人民的辛勤劳动，开发了台湾，共同创造了台湾的物质文明和精神文明。在行政上，台湾早就置于大陆历代中央政府的有效管辖之内，早就成了祖国大陆的一个行政单位，早就列入了中国的版图。

ZHONGWAIZHANZHENGCHUANQICONGSHU

七、荷兰殖民者侵占台湾

从 16 世纪开始，随着资本主义的发展，西方殖民者相继东来，抢占和瓜分殖民地，进行掠夺性的贸易，获取巨额利润。亚洲东南沿海变成了西方殖民者进行侵略和扩张的"走廊"。他们侵占南洋群岛一些国家和地区后，又把眼睛转向了中国的东南沿海。

两次占领澎湖被驱逐

荷兰是 17 世纪典型的资本主义国家，也是当时世界上最强的殖民国家。到 17 世纪中叶，荷兰的军力和经济力一度走在世界的最前列，其商船总吨位和舰队实力都是世界上最强的，有世界"海上霸王"和"海上马车夫"之称。荷兰的船队航行于世界各地，也派船队大规模地入侵亚洲，把南洋不少地方变成它的殖民地。

公元 1602 年，荷兰东印度公司成立，设在爪哇的巴达维亚（今印尼雅加达）。这个公司就是荷兰的殖民统治机构。它拥有自己的武装力量，并有荷兰国授予的各种权力，以便其对远东各国进行侵略。荷兰殖民者在东方侵略的主要对象，除了盛产香料的

东印度群岛外，就是地大物博、人口众多的中国，因为中国的丝绸、瓷器等特产，在欧洲市场需求量大，利润高，又有殖民地最需要的廉价劳动力。于是他们便以爪哇为基地，把侵略的魔爪伸向中国。

在荷兰殖民者看来，有三个地方是其理想的目标：一是澳门，二是澎湖，三是台湾。可是，当时中国的澳门已被葡萄牙占据。荷兰在东方的商业霸权，在一定程度上也被葡萄牙殖民者所把持。荷兰对中国的侵略，始于明万历二十九年（公元1601年），殖民者"驾大舰，携巨炮"，以"通贡市"为名，对我国沿海进行袭扰。荷兰殖民者希望在广州、澳门与中国通商，但却受到了葡萄牙方面的种种阻挠。于是，荷兰又派兵攻打澳门，因受到中国和葡萄牙方面的坚决抵抗，也没有成功。

明万历三十二年（公元1604年）七月，荷兰舰队司令韦麻郎率三艘战舰首次侵入澎湖。因当时中国在澎湖只在春秋两季派兵驻守，季节一过就撤回大陆。所以荷兰殖民者便乘中国无驻军防守之机乘虚而入，侵占了澎湖。当时负责管辖澎湖的福建漳州当局，有的人如税官高寀同意荷方的要求，允许通商，而巡抚徐学聚则极力反对，并派都司沈有容率领舰船50艘前往驱逐荷舰队。荷方见明军兵力强大，不敢交战，便于十二月十五日撤兵退出澎湖。

明朝天启二年（公元1622年）六月，荷兰殖民者又派远征舰队司令科纳里斯·雷约兹率荷舰17艘、士兵1000名攻打驻澳门的葡人，结果被明朝和澳葡当局的联合军队击退。不久，荷军又乘我无驻军防守之机，以武力侵入澎湖。荷军这次登陆后，马上修城堡、筑炮台，打算长期霸占澎湖，并在海上掠我渔船，进犯福建沿海，贩卖中国人到巴达维亚去做奴隶。荷军这次入侵激起了我澎湖岛上居民的坚强抵抗，明朝政府对此事件极为重视，反

ZHONGWAIZHANZHENGCHUANQICONGSHU

ZHONGWAIZHANZHENGCHUANQICONGSHU

应也很强烈。次年，着福建巡抚南居益派人与荷兰殖民者交涉。他们不但不肯退走，还威胁说，如果中国不答应"互市"，就诉诸武力。

明天启四年（公元1624年）八月，荷兰东印度公司又派马尔登·宋克率战舰"热兰遮"号到达澎湖。明朝福建巡抚南居益早已做好准备，立即派兵万人、战舰200艘，向荷兰修筑的城堡发起攻击，同时切断其水源。在中国军队的强烈打击下，荷兰殖民者头目马尔登·宋克答应拆除城堡，从澎湖撤退。但是，他们离开澎湖后没回其老家，而是转向到台湾登陆，又占领了中国的宝岛台湾。

荷兰殖民者在澎湖犯下了滔天罪行。他们强迫澎湖居民给他们筑城，劳动强度十分繁重，每人每天都只给半磅口粮，结果1500名劳动力竟饿死了1300人。剩下的200人又被装入船中，运往巴达维亚去当奴隶。根据荷兰文献记载，这批中国人，大部分在路途中饿死、病死，死后就抛人海中，到达巴达维亚时，只剩下33人。由此可见，荷兰殖民者多么残酷、野蛮。

公元1919年，人们在维修澎湖岛妈祖宫时发现一块石碑，上刻"沈有容谕退红毛番韦麻郎"等12个大字，使人们想起了沈有容唇枪舌剑驳斥殖民者，并最后以武力驱逐荷兰殖民者的故事。沈有容从一开始就识破了荷兰殖民者企图永远霸占澎湖的阴谋，所以，他率兵到澎湖后，就义正辞严地对韦麻郎说："我国政府有规定，凡不是朝贡的国家，一律不准通商"，"你们应尽快撤离澎湖"。沈有容的话音还未落，殖民者便摆出一副狰狞的面孔威胁说："中国兵船开到这里，是想和我们打仗吗？那么，我们就拼杀一场吧。"沈有容毫无惧色，反更加严肃地斥责道："中国坚决杀贼。你们自称是商人，所以从宽处置，但必须离境，怎么能说是打仗呢？你们本来就不怀好意！"沈有容义正辞严，韦麻郎

再也无法抵赖，又看到中国大兵压境，不得不撤出澎湖。沈有容维护了中国的尊严，保卫了祖国神圣领土，受到了人民的赞扬。所以，当地人专门为他立碑，以作永远的纪念。

荷兰侵略者为什么又转而占领台湾呢？内中有三个原因：一是台湾是个很美丽富饶的地方。在此以前，最先到中国来的葡萄牙人经过台湾海峡时，就发现了台湾，并给它起了个名字叫"Formosa"，是"美丽之岛"的意思。这样一个宝岛，早已为欧洲各殖民者国家所垂涎欲滴；二是在公元1622年荷兰殖民者第二次侵占澎湖时，荷兰提督赖耶尔孙就曾派人到台湾侦察、测量过，他们侵占台湾是早有预谋的；三是荷兰殖民者耍赖，胡说他们最后撤离澎湖时，中国方面曾答应他们到台湾进行贸易，显然这只是借口。

"牛皮割地"是骗局

公元1624年9月，荷兰殖民者从澎湖撤退后又侵入台湾。因当时明朝未驻兵防守，致使他们的舰队能顺利地在台窝湾（即大员，今台南市安平镇）的一鲲身登陆。率领荷兰舰队的司令是马尔登·宋克，不久他被东印度公司任命为第一任长官。因为他乘坐的舰船是"热兰遮"号，所以后来在台湾建起的第一个城堡也命名为"热兰遮"。

荷兰殖民者在台湾如何取得地盘，如何能站住脚，相传有个"牛皮割地"的故事。当时，台湾同胞看到这些红头发、蓝眼睛的外国人，称他们为"红毛番"，不准他们驻足。马尔登·宋克便找到台窝湾（大员）礼社首弥勒，说他愿意用15匹布换一块"牛皮之地"住下。这位社首轻信了他的谎话，便答应了他。谁知马尔登·宋克竟将一张牛皮剪成很细很细的皮条子，又将每根

条子联结在一起，成为很长很长的条子，然后用它围了一大片土地。这样一来，差不多把不大不小的一鲲身小岛都围了进去。这位社首一看上了当，只好和岛上居民一起撤到对岸去了。这个故事虽为传说，而且至今还在台湾广泛流传，但却能反映出荷兰殖民者的狡猾和险恶用心。

上述故事从荷兰方面的文献中可得到印证。清代的《台湾府志》中也有记载。《明史》中提到西班牙侵占吕宋时也用类似的做法。当时马尔登·宋克在给东印度公司的报告中说：他们（指台湾新港社中国居民）是十分可爱的民族……很容易结交，只要用可供一顿饱饭的粮食、一条粗棉布、一袋烟就足够了。奸诈、狡猾的侵略者，就是这样骗取了在台湾驻足的权利。

荷兰殖民者在一鲲身稳定下来后，便在一鲲身北端对面修建起用石头筑起的城堡，用宋克所乘船的名称，命名为"热兰遮城"，中国人叫它为"红毛城"或"台湾城"。城上筑炮台，能控扼进出大海的船只，内设议事厅，是他们统治台湾同胞的行政机构所在地。后来，他们又采取威胁利诱的手段，将权力向岛内麻豆、肖垅、目加溜等地伸展，妄图霸占整个台湾。

荷西交战，独占台湾

西班牙殖民者在公元 1571 年占据吕宋（今菲律宾马尼拉）后，听说葡萄牙人发现过一个美丽宝岛福摩萨，因而对其垂涎欲滴。公元 1598 年，西班牙驻菲律宾总督马里纳斯率军舰两艘、兵士 200 名沿岛四周窥伺，因风大未敢靠岸。公元 1624 年，荷兰殖民者在大员登陆并建城堡，开始以此为基地，在海上与其他西方国家展开贸易竞争。西班牙殖民者深受威胁，便于明天启六年（公元 1626 年）派兵士 300 名乘舰船沿台湾东部海岸北航，于三

貂角登陆，占据鸡笼（今基隆市）港，也在港内一个小岛上修筑城堡、炮台。后来，又侵入淡水，筑圣多明哥城，一步步深入和占领了台北平原。

西班牙殖民者在台湾北部的侵略活动，同荷兰殖民者在台湾南部的侵略活动一样，也是修城筑堡、收捐收税，掠夺矿产资源和台湾同胞的大米、鹿皮等，在文化上则进行传教活动，因而也遭到台湾北部人民的强烈反抗。公元1632年，蛤仔难（今宜兰）民众组织起来，举起手中的竹竿、刀、矛、锄头、猎枪，袭击西班牙舰船，杀死船员58人。殖民者惊恐万状，立即派兵镇压，焚毁村庄，杀戮台湾同胞12人，并进入深山老林搜捕。公元1636年，北投台湾同胞袭击殖民者军舰一艘，杀死神父慕洛。淡水民众聚众响应，烧毁当地教堂四处，进而袭击了殖民者的城堡。台湾同胞经过不断的武装斗争，迫使殖民者不敢远出，只在其城堡和港口附近活动。

西班牙侵略者占据台湾北部，并在海上与中国、日本、南洋一些国家进行贸易，荷兰人受威胁和损失最大。明崇祯十四年（公元1641年），荷兰人攻击西班牙人，要他们投降并离开台湾，没有成功。后因西班牙在台湾的军力大大削弱，荷兰殖民军便乘机出兵攻打鸡笼、淡水，结果西班牙人不得不以失败而逃。从此，台湾北部也成了荷兰殖民者的势力范围。

自公元1626年到1642年的16年间，荷兰殖民者统治台湾南部，西班牙殖民者统治台湾北部，祖国宝岛台湾处于被瓜分和殖民统治的状态。1642年，西班牙被荷兰打败后，整个台湾全部被荷兰殖民者霸占。当时，明朝政府正忙于在东北关内外同后金（清）军作战和镇压李自成、张献忠领导的全国农民大起义，无暇顾及台湾，致使荷兰侵略者霸占台湾达38年之久。

ZHONGWAIZHANZHENGCHUANQICONGSHU

殖民统治，罪行累累

荷兰殖民者霸占台湾以后，对台湾人民的剥削和殖民统治十分残酷。

第一，在经济上，荷兰殖民者对台湾的资源进行疯狂的掠夺，对台湾同胞进行残酷的剥削。他们把全部土地攫为己有，称之为"王田"，强迫汉族农民耕种，收取繁重的地租。按照规定，田地分为上、中、下三等，从而把农民变成荷兰殖民机构东印度公司的佃户。对于高山族等土著民族，则用武力强迫他们缴纳实物，稻谷、鹿皮、黄金皆可，最多的是鹿皮。仅鹿皮一项，东印度公司每年就要从台湾掠夺走20万张。地租之外，殖民者还征收各种名目的捐税，诸如人头税、狩猎税、渔业税、关榷税、厝税、矿税、酒税、赌税、屠宰税，等等。人头税，按人丁征收，凡17岁以上者，不分性别、民族，"每丁年纳四盾。领台之初，岁收三千一百盾，其后二十年，增至三万三千七百盾"，土著居民也可用鹿皮代替。狩猎税，最初"猎者领照纳税，月课一盾……其后增至十五盾，岁入三万六千盾，少亦二万余盾"。所设关榷税，"以稽市物，岁亦十余万盾。"殖民者疯狂的掠夺和经济剥削，将台湾同胞推入水深火热的煎熬之中。

荷兰殖民者还利用台湾的特殊地理位置，极力排斥西班牙、葡萄牙等西方殖民者，垄断海上贸易。他们将台湾出产的大米、糖、藤、鹿制品等货物运往中国内地或转往日本，又将日本的白银贩运到中国，再将中国产的丝绸、瓷器、黄金、药材等贩到日本、南洋及欧洲，将南洋的香料、胡椒、琥珀、木棉、锡、铅、鸦片等贩运到中国，来来回回地从中牟取暴利。在侵台初期，荷兰东印度公司仅对日本和荷兰本国的贸易额就高达100万盾以上。

殖民者疯狂的掠夺

此外，他们还经常从台湾出海，到中国沿海抢掠商船，以扩大他们的经济收入。

第二，在政治上，荷兰侵略者侵占台湾以后，便首先在台湾设行政长官，并组织殖民统治机构"评议会"。该机构上听从巴达维亚东印度公司总部的指挥，下设各级统治机构，对台湾人民进行最残酷的统治。他们为了控制台湾同胞，实行"结首"制度，即把数家或数十家编在一起，叫做"一小结"，指定一人为"结首"；再将数十个小结组成"一大结"，也指定一人为"结首"。他们通过这些大小结首对台湾人民实行严密控制。对于山里高山族同胞，表面上则尊重他们的传统习惯，设置"长老"作为他们的代理人。这样，汉族人和土著人各有"土官"，使其不相统摄，以利控制。

第三，在军事上，为了防止人民的反抗和来自海上的袭击，荷兰殖民者还在台湾驻扎军队，建立军事据点。继公元1624年在一鲲身修筑"热兰遮城"和"乌特利支堡"后，又陆续在北线尾岛建筑了"热堡"，在魍港建筑了"弗里辛根堡"，在赤嵌（台南）建筑了"普罗文查堡"。顺治七年（公元1650年），荷兰东印度公司十七人董事会决定派遣军队驻扎台湾，规定平时不得少于1200名，实际上有多达2200人以上的兵力驻扎在"热兰遮城"及其附近，另将1000名兵士分派到全岛各地，以便对台湾同胞进行监督和加强控制。

第四，在精神文化上，为了在精神上奴役台湾人民，荷兰侵略者还派遣传教士到台湾，设教堂，强迫台湾人民做礼拜，学荷兰文，进行奴化教育。据统计，到郑成功收复台湾之前，共有32名传教士到台湾。他们表面上是传教士，实际上受"议事会"支配，充当麻醉台湾人民和推行殖民政策的工具。这些传教士和荷兰官吏一样，在台湾作威作福、欺压人民。

　　台湾人民稍有反抗，即遭到荷兰侵略者的血腥镇压。他们对台湾人民残酷蹂躏，严刑拷打，任意伤害，甚至施以"车裂""五马分尸"等惨无人道的刑罚，其残暴程度令人发指。对此，连荷兰侵台第一任长官宋克也不得不承认："我们在中国沿海的掠夺行为，激起了全中国的愤怒和反抗，把我们看成和谋杀者、暴君、海盗一样。我们对付中国人的手段确实也是非常刻薄和残酷的。"（威廉·庞德古：《难忘的东印度旅行记》英译本序，见《郑成功收复台湾资料选编》增订本第 68 页，福建人民出版社 1982 年出版。按：该书作者威廉·庞德古曾于 1622 年受雇参加侵略中国的远征，并担任船长。）

八、郑成功收复台湾的早期酝酿

荷兰殖民者霸占台湾后，不仅在台湾本岛推行殖民政策，榨取和掠夺台湾人民，而且还凭借台湾这个基地，依仗其坚船利炮，用武力强迫中国大陆和他们通商，排挤葡萄牙、西班牙、日本等国家与中国通商，妄图垄断台湾海峡的贸易。为达此目的，他们就以台湾为基地，派舰船拦截中国商船，封锁中国的港口，骚扰沿海各地。荷兰殖民者这种横行霸道、蔑视中国主权的侵略行为，从一开始就激起了中国人民的强烈反抗和武装反击。

郑芝龙时代的武装冲突

郑成功的父亲郑芝龙，早年为海盗，往来日本、台湾和福建海之间，他于公元 1624 年离开日本到台湾投奔大海商颜思齐。颜思齐死后，郑芝龙接管了他的兵众、船只和财富，并以台湾为根据地，练兵筹饷，使台湾成为他的管辖区。为了发展海上贸易，他又将他的老家泉州发展成贸易、军事基地，垄断了东南海上的贸易，从而使大陆明朝政府和台湾荷兰殖民者都受到威胁。明崇祯元年（公元 1628 年），郑芝龙被福建巡抚熊文灿招抚，遂委任为游击，并从事海上贸易，办理向台湾移民之事。荷兰东印度公

司的报告说：过去，汉人中没有人敢搭乘我们的帆船，从台湾开往漳州或其他沿岸港口。以后，郑芝龙的力量日益强大，完全可以支配中国的领海。他们约有沙船 400 艘，人数六七万，首领俗名称为"一官"（指郑芝龙，封建社会旧俗按兄弟排行顺序称一官、二官……），官名为游击。

当时由于郑芝龙的实力雄厚，明朝福建总兵俞咨皋控制不了郑芝龙，甚至企图邀约荷兰人出兵去攻打郑芝龙，说什么如果答应，荷兰人一定能够获得皇帝的准许，与中国贸易。荷兰驻台第二任长官迪·韦特认为机不可失，便于公元 1627 年 10 月率所有在台士兵，除留下 320 名守热兰遮城外，全部出动，开往福建铜山（今东山）去攻打郑芝龙。郑芝龙率兵迎战，焚毁了荷兰战舰"奥威克"号，俘获了"西卡佩尔"号等四艘帆船及其所有人员、物资。迪·韦特战败，没敢在台湾海岸停靠就匆匆忙忙回巴达维亚了。但是，郑芝龙并未乘胜追击到台湾，未能将荷兰殖民者全都驱逐。

时任荷兰驻巴达维亚东印度公司总督的庇德郡不甘心失败，下令重派鲁塔斯要继续以武力强迫与中国贸易，方法是将郑芝龙骗入旗舰，挟迫他答应开放沿海贸易，否则就将他逮捕当俘虏。这时，郑芝龙已被明朝政府委任为总兵，负责东南海防。台湾亦属于郑芝龙的防守范围。荷兰殖民者按规定每年都要向他纳税。对此，荷兰殖民者更是不甘心，所以他们便千方百计地设法排挤郑芝龙，企图割断大陆与台湾的联系。鲁塔斯按照预谋行事，郑芝龙被骗入旗舰。在荷兰殖民者威逼面前，郑芝龙也失去了以往的威风，只好暂时答应与东印度公司进行有限度的贸易。

郑芝龙与荷兰殖民者的关系虽一度缓和，但荷兰殖民者的掠夺胃口太大，企图进一步扩大海上贸易。鉴于郑芝龙既管东南海防，又控制着海上贸易，荷兰殖民者认为，单凭谈判求取通商，

是难以达到目的的。于是东印度公司又令第四任驻台长官巴特劳姆再次用武力强迫明政府开放沿海各地港口。公元1633年初，他先致信福建当局，威胁恫吓，要求扩大贸易。他未等中国方面答复，就率领战舰8艘突袭厦门。中国方面毫无准备，初战失利。荷兰殖民者的舰队进而封锁厦门，并派船拦截闽、粤到南洋的商船。

郑芝龙上次受骗，对荷兰殖民者作了些许让步和妥协，已憋了一肚子委屈。郑芝龙心想，红毛番得寸进尺，决不能一让再让，需要给他们点颜色看看，于是急调各种战船、火船150多艘，会合闽粤水师，围剿荷兰舰队于金门料罗湾。巴特劳姆看到明军强大，便提出求和条件，说什么只要在福州设立一所分行，在鼓浪屿给一间房子就行，还诡称帮助明朝抵抗清兵入关。郑芝龙自然不予理睬，遂于10月22日率领庞大舰队向侵略者发起进攻。经激战，荷军大败，郑军俘其兵众118名，斩首20名，焚毁其5艘甲板巨舰，俘获1艘巨型战舰，击沉小船50多只，只有少数舰船逃跑。后来，荷兰人在描述中国士兵勇敢战斗的情况时说：他们英勇顽强，完全不顾我们的枪炮和火焰。

经过两次交战，荷兰殖民者再不敢轻举妄动，答应向中国政府按年纳税，只能在郑芝龙允许的范围内与大陆和日本进行贸易。荷兰东印度公司眼看着自己的贸易大受损失，但鉴于郑芝龙实力强大，一时不敢再动用武力，特别害怕郑芝龙进攻热兰遮城，端了他们在台湾的老窝。

郑成功决意收复台湾

清顺治三年（南明隆武二年，公元1646年），郑芝龙降清。荷兰殖民者松了一口气，以为可以在台湾海峡为所欲为了。但

是，没多久，闻讯郑芝龙的儿子郑成功起兵海上，而且比他父亲郑芝龙更有作为，于是荷兰侵略者就更加密切注视郑军的行动，担心郑成功收复台湾。

荷兰殖民者驻台长官弗里第里克撰写的《被忽视的福摩萨》一书的《可靠证据》第一号，即荷兰长琦公司 1641 年 11 月 11 日的记录说："昨天有一只中国帆船从福州到达……通过通译获知，鞑靼人（指清军）在与中国帝国进行战争，非常顺利……已把中华皇帝（指隆武帝）和一官（郑芝龙）赶出福州。"又说，"有人劝导那些不愿屈服的中国逃亡者，把目光移向大员要塞，因为他们也许有可能在那里建起坚固的根据地。"这里说的"不愿屈服的中国逃亡者"，就是被郑成功收编的郑芝龙的旧部。同日，荷兰设在日本长琦的商馆日志也有类似的记录。荷方有关郑军动向的此类情报，都反映了当时荷兰侵略者的畏惧心理和担心的情形。

从实际情况来看，郑成功起兵之初，不要说陆地上尚无立足之地，就连海上的南澳、烈屿也都还未稳定下来，如有可能，率兵去他父亲郑芝龙经营多年的台湾建立根据地，是抗清复明的理想方略。荷方文献反映的郑成功最早萌动收复台湾的想法，看来是客观的。

随着郑成功军队的不断发展壮大及抗清斗争形势的变化，荷兰对郑成功收复台湾的担心程度也越来越大。公元 1652 年 7 月 25 日，巴达维亚"评议会"给台湾长官尼古拉斯·费尔堡的信，引用当时在中国的耶稣教士的话说，郑成功"企图窥伺福摩萨，最后占据那个地区"；次年 5 月 26 日给费尔堡的另一封信又说，"对于国姓爷这个人，我们还很不放心"；又引用到过大陆的荷兰人和从大陆到台湾的中国人的话说，郑成功"势将被迫退出厦门，率其徒众移到安全的地方，很可能移到福摩萨。"

ZHONGWAIZHANZHENGCHUANQICONGSHU

郑成功决意收复台湾

　　当时，清军一度攻人郑成功多年经营的根据地厦门，军需物资、粮饷储备尽失，郑成功再次产生收复台湾的想法，应该说是很自然的，是情理之中的事。荷兰人和中国人所说郑军准备收复台湾的动向，肯定有其来源，不会凭空产生。公元1652年，台湾郭怀一起义，根据外国文献记载和专家研究，这次起义确实"和郑成功方面有一定的联系"，从而可以得到佐证。

　　郑成功最早酝酿收复台湾的时间，从郑成功的《复台诗》中可得到最好的印证。诗云："开辟荆榛逐荷夷，十年始克复先基（指台湾）；田横尚有三千客，茹苦间关不忍离。"此诗作于公元1661年复台时，十年前应为1651年。当然，诗非数学一样精确计算，而是约数，但仍可理解为指公元1651年前后。

　　郑成功收复台湾的酝酿过程，中国文献记载虽然不多，但国外方面文献的记载确实不少。在郑成功举义后的十几年中，他所面临的主要敌人是清军，其当前任务和近期目标是与清军作战，"中兴"复明，尔后再回头驱逐荷兰侵略者，收复台湾。然而历史没有那样发展。公元1659年，郑成功北伐从南京败归厦门后，使他陷入另一种不利形势下，收复台湾的意念和想法才趋于明朗化。这恰恰反映了郑成功收复台湾的决心是有一个酝酿过程、逐渐形成的。

ZHONGWAIZHANZHENGCHUANQICONGSHU

九、台湾人民不屈不挠的反荷斗争

在荷兰殖民者 38 年的统治期间，台湾各族人民不能忍受其残酷的统治和血腥的镇压，纷纷拿起棍棒、斧头、镰刀、竹竿做武器，还有的从敌人手中夺来的枪炮，进行猛烈的反抗。他们从荷兰侵略者侵入台湾的第一天开始，就进行坚决抵抗，狠狠打击了侵略者，显示了中国人民的力量，表现了台湾人民不畏强权、英勇顽强的斗争精神。

反荷斗争，此起彼伏

明天启四年（公元 1624 年），荷兰侵略者以欺骗和讹诈手段，在大员（今台南安平镇）登陆后，强迫高山族同胞为他们开山取矿、砍伐林木，以构筑热兰遮城（台湾城）。在荷兰入侵台湾的当年，目加溜社平埔 200 多名高山族同胞自动组织起来，在汉族人民的支持下，乘夜放火烧毁了侵略者的栅栏，袭击了他们的驻地，杀死敌士兵 3 名，击伤 8 名，迫使他们不得不撤退。

天启五年至崇祯元年（公元 1625~1628 年）间，大员附近的土著和汉族人民拒绝向殖民者缴纳赋税和各种杂役、征派，以暴力反抗。荷兰殖民者十分惊恐，不敢外出。公元 1628 年，大陆的

海上武装首领刘长卿率船队到大员海湾，袭击了热兰遮城后，又回到海上。

崇祯二年（公元1629年），新港社高山族人民忍受不了殖民者的虐待，揭竿而起，麻豆、目加溜等社闻讯响应。他们冒着敌人的炮火，与敌人坚决斗争。但高山族同胞手中的大刀、长矛、竹竿敌不过侵略者的火器，起义没有取得成功。侵略者将台湾同胞的起义斗争镇压下去后，焚烧房屋多处，还抢走了台湾同胞的大米和猪、羊等牲畜。

公元1634年4月7日，汉族海上武装首领刘香率舰船50艘，乘夜暗袭击热兰遮城，因力量薄弱未能攻克，退往打鼓港、尧港。刘香在海上虽然与明朝官方武装有矛盾，互相争夺海上的商贸利益，但在反抗外国侵略上还是作出了自己的贡献的。

公元1635年9月，麻豆社高山族同胞不堪忍受殖民者的残暴统治，乘夜发动声势浩大的武装暴动。他们以竹竿和刀、矛为武器，一下子杀死了当地的荷兰侵略者60多人。荷兰殖民者派军镇压，屠杀高山族人民，烧毁房屋，掠走儿童。肖垅、目加溜湾等社闻讯赴援，杀死荷兵一人。敌人畏惧不敢再战。不久，荷兰侵略者又从巴达维亚调来援军500名，分七路来攻，高山族人民奋起抵抗，终因武器落后，被迫退入山区。不久，麻豆社、肖垅相继被攻破，侵略者对高山族同胞进行了残酷屠杀和抢掠、焚烧。但是，目加溜、肖垅的高山族同胞逐步改变了与敌人斗争的方法，坚持与敌人展开斗争，一直持续到郑成功收复台湾。

台湾的汉族人民和高山族同胞的几次暴动，虽然最后都被镇压了下去，但却显示了中国人民是不可欺的。他们的斗争并未停息，而是仍然一浪高过一浪地发展。例如，公元1641年卑南社同胞袭击侵略者金矿勘探队的斗争，同年鹿港一带几十个村社联合起来反抗荷兰的斗争，公元1645年肖垅社人民烧毁侵略者洋房的

ZHONGWAIZHANZHENGCHUANQICONGSHU

斗争，公元1649年大员汉族人民秘密策划袭击荷兰城堡的斗争，等等。据统计，从公元1641年到1643年的三年间，就有58个高山族村社武装反抗荷兰侵略者，给予侵略者以沉重的打击。

郭怀一反荷大起义

台湾人民反抗荷兰侵略者规模最大的一次斗争，是清顺治七年（公元1652年）郭怀一领导的大起义。郭怀一本是郑芝龙的旧部，郑芝龙到福建打游击时，便把他留在了台湾。郭怀一被留下后，便与当地汉族人民和高山族同胞团结在一起，共同开发台湾，并被尊为群众领袖。郭怀一担任过多年的土美村长老，即"大结首"。他和广大台湾同胞亲身遭受过侵略者的欺压、凌辱，十分气愤，特别仇恨荷兰人的反客为主。他早就产生了驱逐侵略者、夺回台湾的想法。

郭怀一起义的时间，有几种不同的说法，但据当时荷兰驻台长官撰写的《被忽视的福摩萨》一书记载，是公元1652年。

这年秋天，郭怀一和大家商议，计划在中秋节晚上，也就是公历9月13日，由郭怀一以"大结首"的身份，设家宴宴请荷兰官吏、商人和军官，乘其醉酒酣歌之时，出其不意地将其一网打尽。然后，大家分路出击，夺取热兰遮城堡。但由于内奸出卖，计划泄露，郭怀一不得不提前起义。郭怀一在号召大家时说："反抗死，不反抗亦死，不如反抗！"于是，他于9月7日带领群众包围和袭击了热兰遮城。当时，起义队伍一下子发展到1.6万人。侵略者看到街市起火，立即派兵镇压。起义群众用竹竿、棍棒、锄头奋起抗击，但终因敌不过殖民者的火炮而造成了很大伤亡。郭怀一冒着炮火，指挥起义群众向荷军勇猛冲杀，不幸中弹牺牲。其部下1800多人也壮烈牺牲。余众由吴化龙率领退至欧

郭怀一反荷大起义

汪、大湖一带，坚持了七八天的艰苦斗争，最后失败。

荷兰殖民者的凶残和野蛮，暴露了其强盗的本质。战斗结束后，他们疯狂地进行大搜捕，对起义群众进行血腥屠杀。据（荷兰）甘为霖《荷兰人侵占下的台湾》供称：有 4000 名男子和 5000 名妇女儿童"被俘或被杀"；起义群众的副首领龙官（按：指吴化龙）被活活烧死，尸体挂在马后，游城示众，然后头颅被割下挂在竿上。这是荷兰殖民者在台湾对中国人欠下的一笔大血债。

郭怀一领导的起义虽然失败了，但这是台湾汉族人民和高山族人民为反抗异族侵略而掀起的第一次民族斗争。起义民众血染台湾大地，但他们的鲜血没有白流。他们的斗争显示了中华民族不屈不挠的英勇斗争精神。侵略者虽有坚船利炮，但他们在正义斗争面前是十分虚弱的。荷兰驻台头目维堡最怕忆起这场战斗，公元 1654 年 3 月 10 日他给巴达维亚评议会写信时说，一提到郭怀一起义，就"不禁使我毛发悚然"。他还警示所有在台的荷兰人：不要因忘了这件事"而安然入睡"。

据专家研究，郭怀一领导的武装起义，是在郑成功的指导和支持下进行的。这次起义的失败，使台湾同胞认识到：要战胜武装到牙齿的外国强盗，光有台湾同胞的浴血奋战是很不够的，不仅需要大陆人民的声援和配合，更要有大陆人民的直接帮助。郑成功决策东征，使台湾人民的反荷斗争达到了高潮，并最终成功地驱逐了荷兰侵略者。

十、郑成功收复台湾的决策与准备

何斌献图，决策有据

　　前面述及，郑成功自举义海上起兵，就产生过驱逐荷兰侵略者、收复台湾的意图，只是形势的发展变化使其不能马上列入议程，同时，时机也未成熟。收复台湾不是一般的作战行动，而渡海登陆作战，是战略举动。因此，必须有一个历史发展过程和充分的准备。其间，何斌所提供的有关台湾的人心所向、荷军军事情报及其动向，对郑成功收复台湾战略思想的发展、成熟，直至最后作出正确的决策，有着重要作用。

　　根据中国和荷兰等方面的文献记载，何斌在郑成功收复台湾的作战中，功勋卓著，是一位举足轻重的人物和爱国者。

　　何斌，又名何廷斌，福建南安人，郑芝龙的同乡，与郑成功也早有一定的交谊。早年，他为郑芝龙经营海上贸易，不幸被横行海上的李魁奇拦截，于是驾船逃跑，至鹿耳门触礁沉船，何斌遂落入荷兰人手中。因其会说洋话又通番语，便被荷兰人用为通事（翻译）和"华人长老"，得到荷兰人的信任，且享有某些特殊的地位和权利。然而，他是一个爱国者。他对荷兰殖民者任意

ZHONGWAIZHANZHENGCHUANQICONGSHU

欺负、屠杀台湾同胞的种种罪行，早已痛恨在心；他时刻用"身在曹营心在汉"这句话来提醒自己；他曾多次与郑芝龙有书信来往，并答应有朝一日在赶走红毛番时做内应工作。

郑成功起兵以后，为了筹措军饷，积极开展海上贸易，包括与台湾的商贸往来，通过义父郑泰同何斌沟通联系。从船民的报告和何斌的偶尔来信中，郑成功了解到台湾的不少情况，其中包括荷兰殖民者对当地汉人和高山族同胞进行欺压和敲诈，台湾百姓不堪忍受，盼望"国姓爷"（郑成功）赶快带兵解救他们等情况。可以说，何斌是郑成功在台湾最可靠、最贴心的耳目。

清顺治十四年（南明永历十一年，公元 1657 年）六月，何斌带着荷兰的殖民机构东印度公司的信件和贵重礼物面见郑成功，要求恢复贸易。四年前，郑成功曾因荷方称霸海上，经常袭掠郑军商船而下达过"禁海令"。现在，荷兰殖民者受制于郑成功，收入大损，不得不以"年输税五千两，箭枋十万支，硫磺千担"的条件，前来请求恢复通商。

何斌此次来厦门除表面上按照东印度公司的意图，完成恢复通商谈判之外，还当面向郑成功详谈了荷兰侵略者镇压郭怀一起义和残酷摧残台湾同胞的情况，以及他们希望郑成功早日渡海复台的建议。

郑成功对何斌过去做的工作表示感谢和酬劳，同时还向何斌交待了以后的具体任务：一是将犯有错误的常寿宁交给何斌，带到台湾安置；二是令何斌在台湾暗自收税，以为未来收复台湾做物资准备。从此，何斌便成为郑成功在台湾的正式代理人。至于何斌希望郑成功尽早收复台湾的建议，因郑成功要马上出师北伐，顾不上细加考虑，但为他尔后的决策起了很大促进作用。

何斌回到台湾，除了认真完成郑成功交办的任务外，还为收复台湾做了一件十分重要的事。据《台湾外记》记载，何斌派属

下郭平到海上，测量了鹿耳门及海湾一带的航道情况，标注了荷军的炮台、驻军等设防情况，并绘成了军事地图。据《海上见闻录》中说，何斌"密进地图，劝赐姓取之"。《先王实录》永历十五年（公元 1661 年）正月的记载称："前年何廷斌所进台湾一图，田园万顷，沃野千里，饷税数十万……"这说明何斌于公元 1658 年或 1659 年又秘密到过厦门，并向郑成功献过军事地图。这件事的根据是充分的、可靠的，它对郑成功以后作出收复台湾的决策有决定性作用。

何斌在台湾除了安置了常寿宁，更重要的是代替郑成功征税。至公元 1659 年 2 月，何斌在台湾已收了一年零八个月的税。据荷兰方面说，何斌征收过一切出口的猎物税、鱼税、虾税、糖税及其他货物税，因而给他们"造成重大的损失"。公元 1659 年 3 月，何斌的行动被荷兰殖民者发现，并立案调查，不久即被起诉、判决，撤销了他的通事职务和一切待遇，剥夺了所谓"长老"的资格，并处以轻度的罚款。于是，何斌不得不离开台湾，回到厦门，直接参与郑成功收复台湾的计划、准备和行动。

何斌将绘有台湾航道、港湾、沿岸地形的地图献给郑成功，向郑成功详细报告了荷军的兵力部署情况，还把热兰遮城（台湾城）炮位设置的木刻模型送给了郑成功。同时，他还反映了台湾同胞热切期待迅速驱逐荷兰殖民者的迫切心情。所有这些，不仅成为郑成功决策收复台湾的重要根据，也更加坚定了郑成功收复台湾的决心。

何斌向郑成功献军事地图一事及其作用，历史文献中记载得很清楚。江日升的《台湾外记》卷十一中说："成功闻其言，观其图，却如六月中暑，得副良剂，沁人心脾，满心豁然。"郑成功站起来抚摸着何斌的背说："此殆天之以公授予也。"又说，"成功既纳何斌之言，又详阅其地图，知水路不从炮台前经过，

ZHONGWAIZHANZHENGCHUANQICONGSHU

胸中已有成算。"荷兰殖民者也说，何斌后来跟随郑成功远征，颇受信任，显然是由于他能把台湾的许多秘密情况报告给了郑成功。因此，在驱逐荷兰侵略者、收复台湾的斗争中，何斌功不可没。他是一位值得大书特书的爱国者。

力排众议，决策东征

前面已经提及，郑成功早在公元1646年举义起兵时就产生过驱逐荷兰侵略者、收复台湾的想法。但是，由于清军连续不断的进攻，郑成功的"中兴"大业一直未能实现，加之诸将对东征的认识也不统一等原因，所以，收复台湾一事一直未能排上日程。

公元1657年郑成功与何斌第一次见面后，便开始较多地考虑收复台湾问题，但由于连续三年的北伐，而不得不将收复台湾的时间向后推移。1659年第三次北伐南京失败后，郑成功分析了全国战局，认识到"清军欺我孤军势穷，遂会南北舟师（按：南舟师指荷军，北舟师指清军）合攻"。于是，郑成功决心改变战略方针，及早收复台湾，这样，"可连金、厦而抚诸岛，然后广通外国，训练士卒，进则可战而复中原之地，退则可守而无后顾之忧。"然而，张煌言等人却认为这是怯懦后退，不敢正面抗击清军。郑成功不顾张煌言等人的反对，还是果断地从南京撤军。为避免两面作战，郑成功还曾企图以和谈手段暂与清军妥协，以便能集中兵力对付荷军。当退至上海吴淞口时，郑成功曾派蔡政去见清军提督马进宝，通过他去北京奏请议和。

郑成功于是年九月初七回到厦门后，他"每夜徘徊筹划，知附近无可驻足"，遂集中考虑复台问题。他采取"广行招募旧时散选将领官兵""修整船只，备造军器"等具体措施，并招募了300名熟悉台湾港路、地形情况的领航员，作东征的准备。这时，

何斌由台湾来到厦门，带来了测绘好并标明台湾航道、港湾、沿岸地形的地图，还详细报告了荷军的设防及兵力部署情况，再次希望郑成功早日收复台湾。是年底，蔡政自北京返回厦门，报告说议和不成，清廷即将派达素率军进攻厦门。郑成功经与诸将讨论，决定于清军入闽前派军攻台，遂派前提督黄廷、户官郑泰督率援剿前镇、仁武镇进攻台湾，安顿将领官兵家眷。但是，清将达素所率清军很快进抵泉州，郑成功为了全力抵抗清军，收复台湾的计划被迫暂时搁置。

永历十四年（顺治十七年，公元 1660 年），郑成功击退了达素的进攻，取得了金、厦保卫战的胜利，形势大为好转。但是，郑成功仍然清醒地认识到，东征台湾，不可稍缓，继续派兵南下取粮，积极作东进的准备。驻台湾荷军从中国内地、日本、巴达维亚各个方面获取的情报得知，说郑成功"已决定于阴历八月十三日实行复台计划"；还有的说在三月至九月间"突袭福摩萨"。总而言之，大员受到攻击"是无法幸免的"。在这种情况下，郑成功为了麻痹敌人，隐蔽自己的意图，专门给荷兰总督弗里第里克·撰一写了一封信，说："阁下质疑于我对荷兰国之善意，猜想我正准备某些不利于贵国之敌对活动。显然，此乃出诸居心叵测者的无稽之谈。我多年来与清朝交战，恢复国土，戎马倥偬，焉有余暇对此草莽丛生之小岛采取敌对行动。"

南明永历十五年（清顺治十八年，公元 1661 年）正月，顺治皇帝驾崩，清朝顾不得用兵东南；同时，巴达维亚所派援军，主力也已返回，正是收复台湾的大好时机。此时，郑军所筹军粮已备齐。于是，郑成功再次召集高级将官开秘密会议，宣布自己改变战略方针、收复台湾的决心。

郑成功向诸将宣布说："去年虽胜达素一阵，清朝未必遽肯悔战，则我之南北征驰，眷属未免劳顿。前年（按：指公元 1659

郑成功与何斌见面

年）何廷斌进台湾一图，田园万顷，沃野千里，饷税数十万。造船制器，吾民麟集，所优为者。近为红夷占据，城中夷伙不上千人，攻之可唾手得者。我不久平克台湾，以为根本之地，安顿将领家眷，然后东征西讨，无内顾之忧，并可先聚训也。"诸将各自发表不同的意见。吴豪站出来极力反对。去年，郑成功曾提出："吾闻台湾离此不远，意欲整师夺踞，何如？"让诸将讨论。那次，宣毅后镇吴豪就极力反对，说什么荷军"临水设炮台，又打沉夹板数只，纡回曲折于港内。凡船欲人者，必由炮台前经过，若越此则船必能触犯沉夹板而破。坚固密垒，收二十多载，取之徒费其力。"郑成功听后，就未再展开讨论。这次讨论，何斌所测航路图，本来已解决了这个问题，不料吴豪这次又以台湾"风水不可，水土多病"为由，再次坚决反对。郑成功气得冷冷地看了他一眼，暂未驳斥。接着，前提督黄廷猛地站起来支持吴豪，说攻打台湾无异于到敌人那里"送死"。郑成功想反驳，但还是把满肚子的火气压了下去。

郑成功的提议得到众多将领的支持。建威伯马信反驳吴豪说，藩王"欲先固其根本，而后壮其枝叶，此乃终始万全至计"。又说，三国时期，四川那个地方高山峻岭，尚可攀藤而上，卷毡而下；东吴有铁缆横江，尚可用火烧断，现在西洋红毛番再狡猾，布置得再周密，难道就没有什么破敌之计吗？郑成功称赞道：这是"因敌制宜，见机而动"的用兵方略。将领陈永华说：凡事必先谈如何尽到人的主观努力去做，而不必过多地去谈什么客观条件的限制，我意听候藩主裁决便是。五军戎政杨朝栋站起来说：藩主的主张实在可行，坚决支持。郑成功高兴地站起来说："朝栋之言，可破千古疑惑。"于是，最后作出了东征台湾的决策。

以上看来，对东征台湾，部众虽有不同的意见，但都未能动

ZHONGWAIZHANZHENGCHUANQICONGSHU

摇郑成功收复台湾的决心。这是郑成功战略上的一次根本性转变，也是一个十分英明而大胆的决策，它对结束祖国的分裂局面，维护祖国的神圣主权和领土完整，具有极其重大的意义。

筹粮备饷，保障充足

郑成功的兵力，最盛时水、陆师达170多镇、20多万人；经北伐消耗，到东征台湾时，至少还有十几万人。这样，部队的粮饷，一直是郑军十分突出的一个问题。特别是作出收复台湾的决策后，筹粮备饷更成为战前准备的重要内容。郑军粮饷筹备的方法和来源有三：

一是从闽、粤、江、浙沿海进行征集或采购。据统计，自公元1656年10月至1661年4月，即郑成功出师台湾之前，共出动兵力征粮达24次之多，一般每次"大县不下十万，中县不下五万"。用兵台湾前夕的1660年旧历二月，郑成功派提督黄廷、马信率后劲、右冲等镇"下揭阳取粮"；七月，又派周全斌、马信率兵北征，"略地取粮"；八月，派黄元率兵到定海、小埕、长乐一带"征饷"；十一月，又派兵"南下取粮"，其中到潮阳的各船"俱取有粮来，称足。"尽管清政府下令各地，禁绝商贾售粮给郑军，实际上郑军从各地购粮从未间断。特别是从山东至苏、浙各内河，郑成功设有金、木、水、火、土五大内陆贸易网，经营财贸、粮米，以供军需。公元1660年，清地方官杨鹏举曾秘奏朝廷，称郑军"假扮商人，各处籴米"，先藏于寺庙中，当郑军海船一到，即便运走。

二是何斌在台湾秘密筹粮、收税。据统计，他除代替郑成功征收的出口税、商业税外，还从荷兰人手中得到银数十万两。至于粮食，何斌筹备的就更多了。郑成功出师台湾之前，他曾告诉

郑成功,大军出师,可不必多带粮食,到台湾登陆后,"粮米不竭"。

三是从海外进口部分粮食和其他一些军用物资。郑成功在厦门港设有仁、义、礼、智、信五大商行,专门从事外海贸易。永历十五年(顺治十八年,公元1661年)六月,荷兰人樊·吕克给其驻台长官弗里第里克·揆一和"议事会"的信中说:有两艘新造的中国大帆船,载着米、干食品、硝石、硫磺、铝和锡等物资,驶往中国沿海去。同年七月,荷兰人从巴达维亚派来增援台湾的舰队,在中国海域截获了一艘厦门的大帆船,船上载着大米和锡150担,硝石若干,还有酒及其他食品。此帆船所载物资,正是郑成功的商行从暹罗(今泰国)采购的军用物资。

修整战船,备造军器

随着征台计划的准备实施,郑军修造船只、制造军器的工作亦在加紧进行。清顺治十五年(公元1659年)十一月,郑成功即令"修整战船,备造军器";次年九月,又令各镇"备葺船只";十七年初,正式作出复台决策后,又"传令大修船只,听令出征","候理船只,进军台湾"。郑军所编船队,大多用福船,包括中军船、龙熕船、沙船、鸟船、水艍船(双篷船)、八桨船、小哨、快哨、乌船、小乌龙船等十多种。郑成功乘坐的中军船,即指挥船,大小不一,一般能乘坐200多人。龙熕船即炮船,炮弹可射四五里远,"发无不中"。沙船、水艍船、赶缯船等为战船;乌船多用作运输;八桨、快哨小巧玲珑,多用作侦察和传讯。还有一种称作大青头的运输船,载重4吨,长达30米,宽7米,高5米,吃水1米。郑军战船、商船的数量,1658年达三四千艘。

ZHONGWAIZHANZHENGCHUANQICONGSHU

ZHONGWAIZHANZHENGCHUANQICONGSHU

郑军的这些船只，集中了明清时期我国东南沿海的优秀船型，造船技术也达到了很高的水平。这些船只，在抗清和收复台湾的作战中发挥了极其重要的作用。

在军器制造方面，为了驱逐荷兰侵略者，大量制造了刀、枪、铁披挂、藤牌和各种类型的火铳、火炮。特别是针对荷军的坚船利炮，制造了"副龙烦"，炮身长 1.36 米，重 165 千克，用铜铸成。曾于 1660 年在青屿、海门水域，击溃了清将达素率领的船队。

侦察敌情，掌握天候

《孙子兵法》说"知彼知己，百战不殆"，说的是用兵之前了解和掌握敌我双方的情况，这是克敌制胜的关键。

郑成功重视敌情侦察。他用于作情报工作的人员"遍布腹心于内地，凡督、抚、提、镇、衙门，事无巨细，莫不报闻，皆得早为之备；故以咫尺地与大兵拒夺三十年，终不败事；其用心固已深矣。"在复台准备过程中，他利用父亲郑芝龙的老关系何斌、郭怀一等，基本掌握了荷兰殖民者的军事机密。根据郑成功的布置，何斌圆满地完成了搜集荷军兵力部署、炮台设置等军事情报和勘测人台航道的任务。

永历十一年（顺治十四年，公元 1657 年）五月，何斌和他的心腹郭平谈起船只能否从鹿耳门驶入台江的问题时说："语云，三年水朝东，三年水流西，所以有沧海桑田之语。我想鹿耳门一带，沉坏夹板屈曲之处，乃系深港；其赤嵌郡也，虽沙尾汗浅，宁无冲激更变。"聪明的郭平马上领会了何斌的意图，理解了何斌要寻找一条能登陆台湾的航道的目的是什么，便会心地请求何斌给他布置任务。何斌说：你可以秘密地驾着一只小舢板船，假

修整战船　备选军器

装成钓鱼的样子，沿着鹿耳门到赤嵌城一带江面，探测一下航路是不是还和从前一样因汗浅而不能行船？或者有什么变化？行船是比过去容易还是更难通过了？把情况搞清楚回来告诉我。

郭平领受任务后，便找了一只小船，穿上蓑衣，头上戴上斗笠，带上钓鱼竿、鱼饵，向台江江面荡漾而去。待涨潮时，郭平乘船顺流而下，边行驶边用竹竿测量水的深浅。经过探测，果然发现，由于泥沙的长期冲刷，有的地方变浅，有的地方变深了。这水深处可以行船，可用作航道。自赤嵌城至鹿耳门一带，在涨潮时水深足有1米多。他回去后秘密地将测探结果报告给了何斌。何斌高兴地说："果有此事，此乃天助我也。尔其秘之！"后来，何斌到厦门向郑成功报告了所测航路情况，对郑成功决策进取台湾和制定作战方针，起了十分重要的作用。

兵力部署及作战方针

郑成功驱逐荷兰侵略者、收复台湾，采取多梯次远程奔袭和登陆作战的作战样式。首先占领澎湖并以此为前进基地；然后乘涨潮之机通过北航道鹿耳门驶入台江，再于台江东岸实施登陆作战，切断赤嵌城与热兰遮两大城堡之间的联系，即可分别予以攻克；进而收复台湾全岛。

南明永历十五年（顺治十八年，公元1661年）二月，郑成功精选的3万多水师、陆师聚集在金门料罗湾，进行临战准备。其部署是：

第一梯队：由郑成功亲率马信、刘国轩、杨英等属下的文武官员、亲军、左右虎卫、提督、骁骑、左先锋、中冲、后冲等13镇，兵力2.5万人、战船120艘（一说4万人，舰船350艘），为第一梯队，刻期先行；以澎湖游击洪暄及向导、领航员为前锋。

ZHONGWAIZHANZHENGCHENGCHUANQICONGSHU

各镇统领及兵力为：周全斌率领的右武卫镇 1800 人，萧拱宸率领的中冲镇 1000 人，杨祖率领的左先锋镇 1000 人，陈蟒率领的右虎卫镇 900 人，黄昭率领的后冲镇 900 人，吴豪率领的宣毅后镇 900 人，张志率领的援剿后镇 900 人，何义率领的左虎卫 800 人，陈泽率领的宣毅前镇 750 人，林福率领的礼武镇 700 人，水师总兵罗蕴章率领的水师 600 人，马信率领的提督亲军骁骑镇 600 人，澎湖游击洪暄率领的 550 人，郑成功亲随卫队 300 人，合计 11700 人。加上各镇所带随从、水手、舵工及其他各种勤杂人员，总共 2.5 万人。

第二梯队：由左冲、前冲、智武、关兵、游兵、殿兵、义武等七镇组成，共有兵士 4400 人，加上随员、舵工、水手及其他勤杂人员共约 6000 人（一说是 1.2 万人）。第二梯队由黄安指挥。

金门、厦门的留守部队：郭仪、蔡禄率所部二镇兵力前往铜山协守；参军蔡协吉协助郑泰留守厦门；洪元佑、杨宽等守南日、围头一带；洪旭、黄廷等辅佐郑成功的儿子郑经守厦门并调度各岛，以防清军乘虚来袭。

十一、荷军的作战准备及兵力部署

自郑成功举义、活动于东南海上以来，荷兰殖民者就一直担心郑军会进攻台湾，有时甚至达到风声鹤唳的程度。荷兰方面的文献记载，公元 1658～1659 年间纷纷传来消息，说郑成功"准备进攻福摩萨"。公元 1660 年初有消息说：国姓爷将于下次月圆时率 2.5 万兵士，在五位卓越将领的指挥下向荷军开战……荷兰驻台头目揆一和评议会的所有成员闻悉后十分恐慌，立即开会研究，认为此类谣传虽有好多年，但从没有"如此明析"，"必须把它当作可靠的消息看待"，结论是"福摩萨的末日和国姓爷的到来已经迫在眉睫"，于是决定："立即采取加强兵力的措施"，做好迎战的准备。

增强兵力，储备物资

荷兰驻台长官揆一害怕郑成功进攻台湾，命令所有城堡"必须配备以足够的兵力、军火和其他军需品"，并向所有在台湾的荷兰人发出警告："国姓爷即将进犯，必须随时抵抗。"

台湾原驻有荷军 2800 人，其中在热兰遮城有 1000 名士兵，赤嵌城有 400 名士兵，其他分布在基隆、淡水等地方。当时在台

湾驻有荷军战船 4 艘，小艇多艘。为了弥补兵力的不足，荷方还采取两项措施：一是延长现有士兵的服役年限。现有士兵中已有一大批服役期满，马上要乘船回到巴达维亚去。因郑成功攻台风声很紧，评议会决定服役期满的在台士兵一律不准退伍，再延长一年的服役期。二是人人都要武装起来。评议会研究决定：在台的一切荷兰人，不论是教师、牧师还是商人，都必须用从荷兰带来的来福枪武装起来，做好准备，一旦发生战争，都必须响应号召，随时参加战斗。

"评议会"的另一个重要措施，就是请求荷兰驻巴达维亚（今印度尼西亚雅加达）的东印度公司派遣增援舰队。东印度公司接到请求信后，立即调集 12 艘舰船，拼凑了 1453 人（其中士兵 600 人）的援军。但在挑选统领军官时，谁都不愿担当此任。经过一番周折，决定由燕·樊德朗率领。援军经两个月的准备，于公元 1660 年 9 月到达台湾。

在援军到达台湾后，荷兰驻巴达维亚总部又指令，如果有关郑成功进攻台湾的谣言，还是同过去一样又消失了的，援军的主力就用来进攻澳门。荷兰驻台头目揆一及"评议会"所有成员，都主张将援军留下，用来增防台湾。但是"轻率自负、愚蠢固执"的燕·樊德朗却武断地说，所有郑军进攻台湾的传言和评议会官员的看法，都是"没有根据的，荒谬无稽的，都和老太婆在行车前的闲谈一样没有价值。"特别是在燕·樊德朗看到郑成功为隐蔽作战意图、制造假象、麻痹荷军而写给揆一的信以后，更毫不含糊地认为，郑成功绝对不会进攻台湾。所以，他拒绝了揆一等要求将舰队用作增防台湾的要求，只留下"赫克托"号、"斯·格拉弗兰"号、"白鹭"号、"马利亚"号等 4 艘舰船及 600名士兵，固执地率舰队主力又返回巴达维亚去了。留下的士兵，缺少军官率领，有的患病住了医院，有的精神不振，战斗力

荷兰殖民者已经感到风声鹤唳

很弱。

在作战物资储备方面，按照揆一的指令，所有城堡都必须"配备以足够的兵力，军火和其他军需品"（《被忽视的福摩萨》卷上）。于是，他们便把散存在台湾各地的米谷和 1.5 吨火药等，全部运往热兰遮城，还在城内储存了足够 8～10 个月用的木材。为防粮食不足，还规定对粮食的出口，必须进行严格监督。

搜集情报，严密封锁

荷兰殖民者虽然从大陆那边获得不少有关郑成功准备攻台的消息，但是他们觉得真假难分，总是持观望、怀疑态度。为了确切调查郑成功对台湾的意图，充分掌握郑军在厦门备战和武器装备的情报，他们除通过传教士、商人、渔民到处刺探消息外，还派谍报人员专程秘密去厦门。公元 1660 年 10 月 31 日，"评议员"贝德尔上尉想把情报搞准确，主张"派一个干练"的人员前往厦门，以索取国姓爷（郑成功）对巴达维亚的复信为由，去面见郑成功，以"刺探他对鞑靼人的态度，以及在厦门大规模备战的情况。"（荷兰 C.E.S：《被忽视的福摩萨》卷上）结果，郑成功将计就计，与使者进行了谈话，说自己"不习惯于公开发表自己的意图，而经常为了需要，故意放出一些风声"，以此麻痹来使，并让他捎回了《致书台湾长官弗里第里克·揆一》的一封信。这些带有策略性的谈话和文件，使燕·樊德朗得出了郑成功近期不会进攻台湾的错误判断，起到了以假隐真的作用。

荷兰殖民者最怕台湾同胞与郑成功里应外合。他们怀疑台湾人民的每一次反抗行动，都是郑成功指使的，现在处于临战状态，更是风声鹤唳、草木皆兵。于是，"评议会"决定：禁止任何中国人进入赤嵌城和热兰遮城；把华人长老和群众中有声

ZHONGWAIZHANZHENGCHUANQICONGSHU

望的人通通拘禁在热兰遮城内，以恐吓当地居民，使之不敢接应郑成功；不准商船与中国内地贸易，以免减少台湾的物资储备和增强郑成功军队的物资力量；不准台湾渔民下海捕鱼，以防他们与内地人员接触；不准台湾人民与内地通信、通航，以防走漏消息；强迫人民迁出森林，到热兰遮城周围居住，以便于荷方控制；严禁台湾人民从岛外获得武器，以防他们组成武装力量等等。

调整兵力，固守要塞

清顺治十七年（公元 1660 年）冬，荷军侦知郑成功"必将"收复台湾的动向后，决定取消进攻澳门的原定计划，并宣布"一切处于戒备状态"。同时，对在台兵力立即进行调整：于热兰遮城及其附近小岛和海面，配置兵力 1140 人，舰船多艘，由荷兰驻台头目揆一直接指挥；于台江东岸的赤嵌城，配属兵力 500 人，由描难实叮率领，进行死守；其他港口和城堡约有数百人守卫；鹿耳门航道，因早已被沉船堵塞，加之水浅礁多，不能通行，所以未派兵防守。

荷兰殖民者获悉郑成功将要收复台湾，深感现有驻台兵力不足，急忙致信东印度公司请求支援。于是，东印度公司又从巴达维亚派来 12 艘战船和 600 名士兵增防台湾，但由于援军舰队司令燕·樊德朗的错误判断，从这 12 艘战船中只留下 4 艘，其余战船又在他的带领下返回巴达维亚去了。直至战前，荷兰殖民者在台湾的总兵力，总计仅 2800 人。

揆一的设防意图是：依恃热兰遮城炮火的实力，居高临下，控制一鲲身岛和北线尾岛之间的大员港；另派"赫克托"号等战舰防守此港海口，阻止郑军从大员港登陆。由于兵力不足，北部

的汶港和南部的打狗地区，已无能力派军队防守，只得要求住在那里的荷兰人都要到"评议会"领取武器，守卫那里的海岸。

为了防御郑成功随时都可能进攻台湾，"评议会"命令前哨严密监视海面，一有危险迹象立即发出警报。

ZHONGWAIZHANZHENGCHUANQICONGSHU

十二、劈波斩浪，挥师东征

天时地利，把握战机

古代兵法说："兵贵因机，事贵乘势。"这就是说，要把握战机、凭借形势，才能用兵制胜。郑成功收复台湾的战略方针正是巧妙地运用了这一思想，利用有利时机和造势紧密地结合在一起而取胜的。

郑成功出兵时机的选择，取决于荷兰、清军及郑军自身三方面的条件。郑军面对的作战对象是荷军，但背后还有与之周旋了20多年的清军。为了避免腹背受敌，并收到攻击敌人的最好效果，郑成功选择了清军进攻郑军可能性不大和台湾荷军难以得到巴达维亚增援的有利时机。

第一，清军威胁不大。郑成功认为，这时，舟山的明安达礼部和福建的达素部清军，已于公元1660年秋在厦门战败后相继返回北京，东南沿海已无重兵防守，比较空虚，说明清军在短期内不大可能再向郑成功发动攻势。如果乘机东征，可能无后顾之忧。不久，又从北京传来令人振奋的消息，说顺治皇帝福临驾崩，朝廷内外正在办理所谓"国丧"，那就更不可能对厦门采取

大的军事行动。因此，收复台湾千载难逢的良机终于到来了。

第二，战前荷军情况对郑军有利。从台湾来的情报说，荷兰东印度公司派燕·樊德朗率领的 12 艘战舰和 1453 人组成的增援舰队，由于内部意见不一，特别是舰队司令燕·樊德朗十分固执己见，认为郑成功短期内不可能进攻台湾，又十分任性地率领舰队回巴达维亚去了，留下的少数几艘舰船也分散在各地；留下的600 名士兵，亦有不少因疾病和水土不服住了医院，也缺少军官率领，没有作战的思想准备。

第三，当时的风向对荷军不利。一切军事行动无不受气候环境的影响，气候作为某一地区多年形成的大气层的特征，可以为军事行动提供有利条件，也可以成为不利因素。郑成功拟订军队行动计划时已经注意到，南贸易风即将开始，在半年内台湾的荷兰船只难以顶风去巴达维亚请援。只要东印度公司得不到台湾方面的消息，就不可能再派兵前来增援。这就等于老天帮助切断了在台荷军与外界的联系。郑军如果利用这个风向转变之机出师，可置荷军于孤立无援的境地。后来，揆一在他写的《被忽视的福摩萨》一书中也承认："国姓爷抓住了这个机会。"

第四，从郑军本身来说，经过一年多的思想准备和物质准备，思想基本统一，兵力已集中在金、厦及其周围地区，粮饷基本备足，战船已经整修完毕；又从澎湖、金、厦和台湾征集了300 名熟悉航道、潮汐、风向等情况的领航员；台湾荷军兵力部署情况已经掌握，台湾人民也已做好接应登陆的一切准备。

总之，天时地利和整个战局，对郑军有利，驱逐荷兰殖民者、收复台湾的时机已经成熟。

ZHONGWAIZHANZHENGCHUANQICONGSHU

ZHONGWAIZHANZHENGCHUANQICONGSHU

集兵料罗，祭江誓师

永历十五年（顺治十八年，公元 1661 年）二月，郑成功令出征部队到金门集结。三月初一（3 月 30 日）"祭江"。三月初十（公历 4 月 8 日），等候顺风一到，马上出发。郑成功军队离开金门的时间有三种说法。据杨英《先王实录》中记载为三月二十三日（4 月 21 日）。当日天空晴朗，并有风助，郑军举行隆重的誓师大会。放眼望去，战舰横列，旌旗蔽日，鼓号齐鸣，众将士庄严肃穆、昂首挺胸地站立在船头，真是一派恢弘气势。郑成功身着战袍，头戴银盔，腰挂大刀，还披着紫色绣蟒斗篷，站立在临时搭起的高台上，是那样的威武雄壮。在高台的四周，刀、矛、剑、戟，闪闪发光，麾、幢、旌、幡遮天盖地。绣着"郑"字的杏黄帅旗，迎风飘扬，显示出一派旗开得胜、马到成功的景象。

在这人山人海、旌旗招展的誓师大会上，郑成功面对众将士宣读誓文：

"本藩矢志恢复，念切中兴，前者出师北伐，恨尺土之未得。今又有海外夷虏，侵我疆土，台湾胞泽，残（惨）遭涂炭。本藩决意冒万顷波涛，辟不服之区，拯救同胞于水火，收复故土于夷敌。本藩竭诚祈告皇天，并达列祖，假我潮水，行我舟师，尔从征诸提镇营将，切勿以红毛炮火为疑畏，当遥祝本藩红招所向，衔尾而进。"

誓文宣读完毕，众将士振臂高呼："驱逐荷夷，复我江山！"一时声震海湾，惊天动地。三月二十三日午刻一到，郑成功亲自率领将士 2.5 万多人，乘战船数百艘，为第一梯队，自金门料罗湾出发，乘风破浪，军旗招展，浩浩荡荡地向东挺进。

祭江誓师

横渡海峡，遇险澎湖

郑成功率领强大的第一梯队扬帆出海，连续航行一昼夜，横越过台湾海峡，于永历十五年（顺治十八年，公元 1661 年）三月二十四日（4 月 22 日）到达了澎湖列岛海域。澎湖列岛，位于台湾海峡中段，为东南海防重地，由澎湖、渔翁、白沙等 64 个岛屿组成。其分布范围，南北长 60 多千米，东西宽约 40 千米。陆地面积 126.86 平方千米。东距台湾省台南市 45 千米，西北距福建省泉州市 140 千米，为闽、台海上交通要冲，控制台湾海峡之锁钥，战略地位十分重要。

郑军舰队进抵澎湖附近后，驻守澎湖的游击洪暄乘船前来迎接，并在前面做向导，将舰队带到澎湖湾登岸。洪暄，早先为郑芝龙部下，先是奉郑芝龙之命驻守澎湖。郑芝龙降清后，他投奔郑成功，仍奉命守卫澎湖。这次舰队出发前，郑成功早已派人通知洪暄，待大军到时要前来迎接。岛上的老百姓闻讯郑成功的军队来了，便带着猪、羊、鱼、虾前来迎接，并纷纷报名，争做向导。

次日，郑成功在洪暄的带领下，到各岛巡视，观看澎湖地形。郑成功看后认为，澎湖岛屿密布，港阔水深，军事上十分重要。洪暄介绍说，全列岛共有大小岛屿 64 个，最大的为大山屿，是澎湖的主岛；环主岛的有南面的八罩屿，北面的吉贝屿，东面的阴阳诸屿，西面的西屿、北沙。郑成功还巡视了万历天启年间荷兰侵略者侵占澎湖后建的城堡，更加激起了他对荷兰侵略者的深仇大恨。当看到镌刻着"沈有容谕退红毛番书麻郎"几个大字的石碑时，郑成功立即给跟随在左右的马信、周全斌、沈佺期等讲起了沈有容驱逐红毛番的功劳。众将听后无不为之感叹，恨不

福建
泉州
台湾海峡
澎湖
厦门
金门
台湾海峡
台湾
台南

目斗屿

澎 湖
0   5   10千米

吉贝屿

白沙岛

镇海

渔翁岛
澎湖湾
(马公)
大
娘妈宫
澎湖
岛

外垵
湖
风柜尾
蒔里
桶盘

台湾海峡

澎湖水道

虎井屿

花屿

八罩屿
将军屿
(望安)

大猫屿
小猫屿
草屿

西屿坪
东屿坪
西吉屿
东吉屿

大屿

澎湖列岛位置示意图

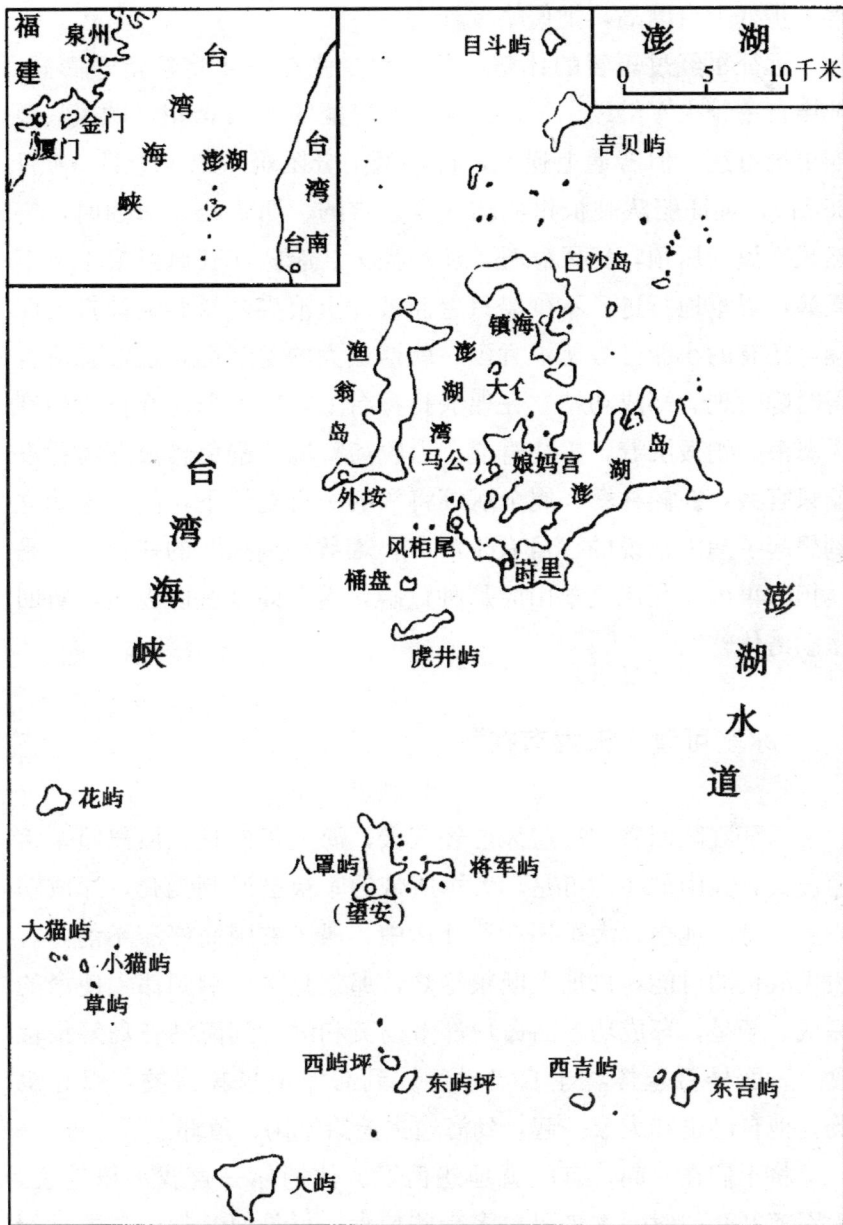

ZHONGWAIZHANZHENGCHUANQICONGSHU

129

ZHONGWAIZHANZHENGCHUANQICONGSHU

得一步登上台湾岛，把侵略者赶走。

远征军经过短暂的休整，郑成功令张在等4将领留守澎湖，他亲自率领大军继续东征。澎湖到台湾虽只有52海里，顺风只要四更半可达，但若遇上逆风，行船就十分困难。二十七日（4月25日），远征船队驶抵柑橘屿（今东吉屿、西吉屿）海面时，突然天空黑云压顶，狂风怒吼，浊浪滔天。船队在狂风巨浪中上下颠簸，艰难地行进。不少船只忽而被冲上浪尖，忽而又被打入深渊，还有的小船已被恶浪吞没，就连最大的龙烦船，也被恶浪打得时隐时现。郑成功站立在船头指挥台上，望着那此起彼伏的狂风恶浪，刚毅沉着，勇往直前。为脱离险境，避免恶浪继续吞没船只官兵，在候林察、周全斌等将领的一再建议下，使郑成功立刻想起了渔民常说的"虽有千万卒，难敌一刻风"的戒律，于是他担心再出现北伐至羊山时那种危险，遂立即令舰队返航，暂回澎湖湾休整。

"冰坚可渡，天意有在"

远征舰队回澎湖湾避风已经三天，海上仍然是狂风怒吼，雷声震天，大雨如注。可是，大军所带的军粮已所剩无几，郑成功心急如焚。他想，大军还在远征途中，遇风被困而停滞不前，有丧失战机的可能，再加上断粮绝炊，那就直接影响到伟大使命的完成。于是，郑成功一面命户都事杨英和洪暄到澎湖各岛筹集粮食，一面号召全体将士自己动手，到海滩上采集海物，以充饥肠。他自己也和大家一起，到海边去捡拾蛤蜊、鱼虾。

将士们在一起，有的就埋怨何斌。他们你一言我一语地说，大军离开金门时，本来可以多带些粮食，可是何斌却说"数日到台湾，粮米不竭"，结果弄得大家肚皮受饿。郑成功听到大家说

长道短，便向大家解释道："这不能怪罪何通事。何通事是按照一天一夜就可到达台湾计算的，所以我们携带三天口粮，绰绰有余。不料中途遇风阻受困，超过了预计行军时间，让大家受苦了。杨户官和洪将军已到各岛去买粮了，请诸位再忍耐一下。"兵士们听后，也就不再说什么了。

杨英和洪暄分兵赴 36 屿购买粮食，又召集岛上老乡开会，共同筹办。岛上百姓主要靠捕鱼为生，不以种地为业，所以他们也没多少粮食。尽管如此，老乡们还是将家中仅有的番薯、大麦、黍稷等，一斗一升地凑在一起，统计一下，也才只有 3 吨多，还不够大军一餐之用。郑成功看到岛上农业不发达，令杨户官把舰船上带往台湾的耕牛和犁耙分给岛上老乡一部分，各澳澳长连连推辞。他们说，倒不如杀了给大军充饥更重要。有的将士接过话茬，要求把载往台湾的牛宰了吃牛肉。郑成功听后气愤地说："我们到台湾赶走红毛，收复故土，还要种田，发展生产，立永久之业，怎么能那样做呢？再说，台湾近在咫尺，大家一咬牙就过去了，可不能乱来！"众将士听来很有道理，就不再提宰牛的事了。

郑成功边看着外面的狂风海啸，边观察边沉思着：如果无限期地停驻澎湖候风，不仅会影响军心，更重要的是不能按预定日期通过鹿耳门港。根据事先调查，要按照何斌探测的港路进入鹿耳门，就必须利用每月初一或十六日的大潮，如果错过这一时机，就要再向后推迟半个月。今天已是三十，明天就是初一，机不可失。在此情况下，郑成功经与诸将商议，当机立断，决定进行抢渡。指挥中军船的将领蔡翼和陈广等鉴于风大浪险，还是极力劝阻郑成功不要贸然行事，请求暂缓开船。郑成功果断地说："冰坚可渡，天意有在。天意若助我平定台湾，今明开驾后，自然风恬浪静矣。不然，官兵岂堪坐困孤岛受饿也？"于是，郑成功下令，立即起碇开船。

十三、巧渡鹿耳，血战台江

南明永历十五年（清顺治十八年，公元 1661 年）三月三十日（4 月 28 日）晨一更时分，郑成功留下陈广、林福、张在等将率兵 3000 人、船 12 艘驻守澎湖，令大军起碇开船，继续东进。"成功坐驾（指挥船），竖立帅旗，旁列五方，中悬龙纛。火炮之声，金鼓震天。令洪暄引港船先行，向东而去，诸提镇照序鱼贯"，梯次跟进。这时，海上仍旧狂风呼啸，巨浪滚滚，险象丛生。郑成功怀着实现收复台湾、统一祖国的豪情壮志，神色刚毅地坐驾船头，率领着船队迎风破浪，快速向台湾方向进发。

神兵天降

郑成功东征大军与狂风激浪搏斗了大半夜，到三更天后，忽然风浪渐渐变缓，船身渐渐平稳，海空出现了星光，东方展现出鱼肚白，众将士跳跃欢呼。指挥船桅杆上的红招开始向着船只前进的方向飘动。全体将士热血沸腾，排列整齐，继续向鹿耳门前进。

郑军到达鹿耳门的时间有两种说法：一是荷方的记载为 1661 年 4 月 30 日（旧历四月初二）；二是杨英的《先王实录》中记载

为四月初一（4月29日）。根据旧历每月初一、十六为大潮的规律，《先王实录》的记载比较可靠，应为四月初一（4月29日）拂晓到达鹿耳门港外沙滩。郑成功立即换乘小船，先登上鹿耳屿进行勘察。上午，郑成功又在何斌的引导下乘船勘察验证航路。这时，何斌已病了两天，郑成功劝他休息，但他仍坚持要陪郑成功前往。他说："这正是我出力之时，怎能拖病不出？"经过再三要求，郑成功只好同意何斌的请求。于是，郑成功令其"坐斗头，按图纡回"，侦察船逐渐缓缓地驶入鹿耳门航道。郑成功手上翻看着何斌过去提供的地图，目不转睛地一一核实。何斌用竹竿插入水中，仔细探测海水的深度。不大会，前方出现像鲨鱼尾巴一样的怪物。侦察船缓缓靠近，仔细一看，原来是荷兰殖民者为防郑军在此突入而特意放置的沉船。

时至中午时分，和煦的阳光当空下照，潮水滚滚而来，水位随之上升，没几个小时就上涨了5米，那个鲨鱼尾式的怪物也不见了。何斌高兴地说："现在大船可以通过鹿耳门，驶进台江了。"

说起从外海进入台江，有两条航路：一是南航路，从大员港驶入。该港口位于北线尾岛与一鲲身岛之间；一是北航道，即鹿耳门航道，位于北线尾岛与鹿儿屿之间。南航道港宽水深，船易驶入，但港口有荷舰防守，陆上有热兰遮城内的炮台控制，必须经过激烈战斗才能通过。北航道水浅道窄，有沙线起伏，一般只能通过小船。大船只能在涨潮时才能通过，且必须是熟悉航路的船员。正因如此，荷军也就放弃了对北航道的防守。荷兰殖民者认为，凭此"天险"只要用舰船守住南航道海口，就能阻止郑军登陆，其热兰遮城和赤嵌城两大据点就可安然无恙。

荷军防守的热兰遮城和赤嵌城两个据点，后者位于今台南市。当时这里海岸曲折，两城之间有一片大的水域，叫做台江，又称大员湾。热兰遮城位于台江西侧的一鲲身岛，赤嵌城位于台

133

ZHONGWAIZHANZHENGCHUANQICONGSHU

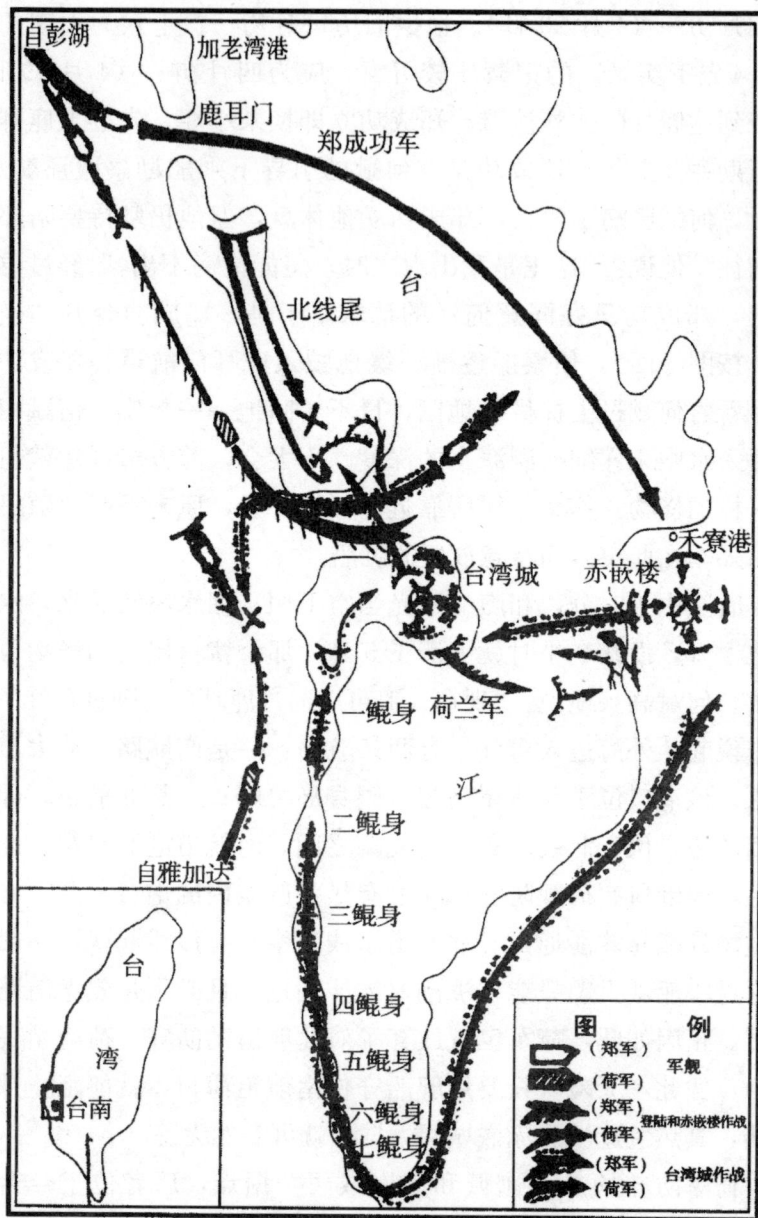

自彭湖　加老湾港

鹿耳门　　　郑成功军

北线尾

台

禾寮港

台湾城　赤嵌楼

一鲲身　荷兰军

江

二鲲身

自雅加达

三鲲身

台

四鲲身

湾

五鲲身

台南　　六鲲身
　　　　七鲲身

图　例

（郑军）军舰
（荷军）

（郑军）登陆和赤嵌楼作战
（荷军）

（郑军）台湾城作战
（荷军）

郑成功收复台湾作战经过示意图

江东侧的陆地（今台南市），二者互为犄角。只要郑军能进入台江，即可实施登陆，切断二城之间的联系，控制整个战局。

航路勘察完毕，大潮已经涨到最高水位，郑军驶入台江的时机已经到来。郑成功命令陈勇升起高招，导引郑军船队前进。休整待命于鹿耳门港外的郑军船队，见主帅已经发出进军指挥信号，个个摩拳擦掌，待命而发。于是，杨朝栋一声令下："前进！"浩浩荡荡的郑军舰队如同悠游的鱼群，顺利地通过鹿耳门，驶入台江海面。

荷兰殖民者开始并未发现郑军已进入台江水域。天色将晚，荷兰驻台头目揆一，从望远镜里发现庞大的郑军舰队已出现在台江江面上，两手颤抖，直冒冷汗。其他荷方官员，也个个吓得胆战心惊，面色发黄，无不惊叹"兵自天降！"总督揆一不敢怠慢，急令热兰遮城发炮轰击，只因目标在射程之外，炮击无效。顿时，"评议会"的头目们挠耳抓腮，束手无策，唉声叹气。

登陆禾寮港

郑军舰队巧渡鹿耳门，驶入台江，这只是进军台湾的第一步。为了迎接后面的战斗，郑成功作了如下部署：一路由骑兵镇张魁、右虎卫镇陈蟒率部分船只控制鹿耳门海口，防止敌舰从侧后袭来，并接应第二梯队的到来；一路令宣毅前镇陈泽率兵4000人登上北线尾岛，以保证侧后安全，并置热兰遮城守军于腹背受敌的境地；郑成功自率主力驶入台江，切断热兰遮城与赤嵌城之间的联系，准备与荷军舰船战斗，保证先遣队在禾寮港（今台南市禾寮港街）顺利登陆。

郑成功部署完兵力以后，命令中军官向全体将士重申纪律规条：

ZHONGWAIZHANZHENGCHUANQICONGSHU

（一）本军登岸后难免向地方取粮，此亦不得已而为之。但官兵只准取粮，不准奸淫掳掠妇女。如有故违者，该犯立即枭示，大小将领一体从重连罪，不论镇营官兵、杂役、伙夫人等，有能拿报首明者赏银五十两。

（二）攻剿地方，有俘虏十分顽抗者，攻破之后明令准掳妇女以鼓用命，以示惩戒，不在禁内。如无发明令而掳妇女在营在船者，该犯枭示，大小将领从重一体连罪，不论官兵役伙，拿解首明者赏银三十两。

（三）发剿抢地方，非奉明令严禁焚毁一切，尤不准擅毁居室。敢有故违，本犯枭示，大小将领一并连罪，不论镇、营、官、兵、役、伙，拿报首明者赏银二十两。

（四）大军登岸后，非奉明令不准掳掠男子为伙兵，如有故违，本犯枭示，将领连罪，有拿报首明者赏银二十两。

（五）严禁混抢。台湾地方皆为同胞百姓，官兵登岸之时，不准混抢，致玉石俱焚。须明听号令，如有未令敢有擅动民间一草一木者，该犯枭示，大小将领连罪不贷。

（六）严禁宰牛。农业，民生大本；牛畜，耕稼重资，且台湾地方极为稀少。若肆意杀宰，民将失业，不惟百姓俯仰无资，而且军糈取给亦断。故今后敢有宰杀耕牛者，该犯枭示，将领连罪。

（七）此次出征，本军自有舰船载运。各官兵不许擅坐给牌商船，不得有误。

中军官宣布完毕，郑成功又向将士们强调说：以上各条，每次出兵，都屡屡告示。此次重申，尤为重要，因台湾为我故土，不论汉族兄弟，或是山地同胞，对我大军无不举首相望，期盼早

四方风化，百姓壶浆相迎

日来救。如能做到令行禁止，四方风化，百姓壶浆相迎，我亦有立足之地；若耳目悠忽，行为轻佻，乃至兵丁违纪，连罪上下左右事小，祸及复台大业事大。有望察官用心禁缉，全军将士遵依，且互相告诫，互相解说，如"各项禁条有犯，断断无赦"。郑成功特别强调官将的表率作用，反复告诫诸将："虽兵丁繁众纷纷不一，但在上诫缉必严，则在下之奉行惟谨。"

正是由于郑军有良好、严明的纪律，岛上的同胞又事先做了充分的准备，先遣部队才得以于当日天黑以前顺利地在禾寮港完成了登陆任务。郑军登陆后，立即建立起滩头阵地，准备夺占最繁华的赤嵌街。据中外史书中记载，郑军登陆时受到新港等社区汉族和高山族同胞的热烈欢迎，接应十分周到，"男妇壶浆，迎者塞道"。有的台湾同胞推着车子送粮、送菜，有的挥舞手中的武器相助，表现了台湾同胞热烈欢迎祖国军队前往收复台湾的巨大爱国热情。

殖民者一片混乱

郑军在禾寮港顺利登陆后，立即扩大滩头阵地，占领了赤嵌街及一些村社，不断地扩大登陆场。郑成功即令户都事杨英等看守赤嵌街的荷军粮食仓库，并于次日分发各镇，其数量足够全体官兵半个月之用，保证了下一步作战行动的需要。

赤嵌城的守将雅克布·描难实叮，从望远镜中看着郑军在禾寮港登陆，吓得目瞪口呆，急呼"耶稣保佑"，向揆一求援；坐镇热兰遮城的总督揆一，从望远镜里看到台江的郑船密布、旌旗蔽日，吓得面色苍白，全身发颤；"评议会"的评议员们，更是个个面面相觑，像热锅里的蚂蚁，乱成一团，哀叹道："我们无力抵抗如此强大的敌人。"

在大军压境的情况下，"评议会"于四月初二（4月30日）召开紧急会议。有的"评议员"说："所有的船只已被燕·樊德朗等人强迫分散到各地去，只留下两艘战船'赫克托'号和'斯·格拉弗兰'号，小帆船'白鹭'号和快艇'马利亚'号，且都是平底小船，吃水不深，只适用于内河航行，根本无法抵抗国姓爷的强大舰队。"有的说，虽然建造热兰遮和普罗文查两座城堡的主要目的是保卫二城之间的海湾及航道，但现在国姓爷的船队已经占据了台江，切断了两个城堡之间的航道，它们已毫无作用。还有的议员特别强调热兰遮城的困难处境，说什么城附近只有一只领航船，但吃水太深不能靠岸。此外，还有几只中国船完全不适于作战。城堡内约有1100人，全副武装的人员只有40名。全岛的火药除一小部分放在船上外，共约1.5万吨。但熟练的军官、能干的警察、掷弹手和工兵，则寥寥无几。其余各种火药和军用物资的储存量也极其有限。整个"评论会"处于十分混乱和失败主义情绪之中。

正在束手无策之际，有人送来了郑成功的劝降信。"评议员"们吓了一跳，整个会场鸦雀无声。揆一念信说，国姓爷要求两座城堡投降，并要我们可以携带所有财物坐他的中国船，到我们愿意去的任何港口。否则，他就将追杀我们。评议会大厅里又陷于一片混乱和喧闹之中。揆一想到，会议不能再漫无边际地讨论下去了。

揆一心里很清楚，拒绝国姓爷的最后通牒，与之交战，必败无疑，但也绝不能投降，放弃这块来之不易的宝地。如果那样，必将受到荷兰王国法庭的审判。如若受到本国法庭的制裁，倒不如在战场上做个败兵之将。出于这样的考虑，揆一开始引导议员们讨论出战问题，鼓励大家要振作起来。他提醒议员们考虑："公司曾强制训令我们去寻求这块殖民地的福祉，现在保卫福祉

ZHONGWAIZHANZHENGCHUANQICONGSHU

已是多么重要；如果向敌人投降，公司就几乎不可能再回到这个岛屿上来，而一切宗教活动也要随之告终。在这种情况下，我们是把两城堡交出去呢，还是坚持到底？"

"评议员"乌特根斯表示除了接受国姓爷的条件，"别无他法"的态度后，立即遭到其他一些议员的反对。樊·伊伯伦主张："在任何情况下，都不应把城堡交出去。"接着，哈曹卫尔、阿尔多普、罗森文克尔及检察长等相继发言，几乎众口一词地表示要"坚守到底"。

揆一看到"评议员"们的情绪如此高昂，也就顺水推舟地总结说："大家都知道，福摩萨，是个多么美丽富饶的地方。我们绝对不能轻易地把它丢掉。虽然我们的力量不足以长时间地抵抗国姓爷的军队，但我们还可以等待援军的到来嘛！"于是，他宣布，除了命令一切荷兰人都要在今夜迁入城堡，并加强热兰遮城的防卫外，立即兵分三路，向郑军实施反扑：一路令战舰向停泊在台江的中国船只发动进攻，一路由汤马斯·贝德尔上尉（又名拔鬼仔）率兵 240 人抵抗从北线尾登陆的郑军，一路由阿尔多普上尉率兵 200 名乘船增援赤嵌城，恢复热兰遮城与赤嵌城之间的联系。

陆战北线尾，击毙拔鬼仔

陈泽所率郑军 5000 多人（荷兰文献中记载称 4000 人）登上北线尾岛，对荷兰殖民者的老巢热兰遮城造成极大的威胁。北线尾是一个不到 1 平方千米的沙洲，南端与热兰遮城相对，北端临鹿耳门航道。沙洲上面长满了荆棘和野草。郑军占据该岛，既可抵御热兰遮城荷军北攻，保证郑军主力侧翼的安全，又能控制进入台江的南北航道，还可接应第二梯队郑军自外海驶入台江，使

郑军陆续得到后援。

荷军头目揆一看到北线尾急需加强防御，就于四月初三（5月1日）分兵三路，把守各要点：一路派汤马斯·贝德尔上尉率领240名士兵乘两艘舢板和一艘单桅帆船急驶北线尾；一路派出仅有的四只战船到台江，阻止郑军舰队；一路应描难实叮的请求，派阿尔多普率领200名士兵去支援赤嵌城。

骄横、自负的荷兰职业军人汤马斯·贝德尔上尉（拔鬼仔），根本不把中国人放在眼里。他诬蔑中国人不堪一击，"都是文弱、怯弱、不能打仗的"，"二十五个中国人合在一起还抵不上一个荷兰兵"。他还胡说什么"国姓爷的士兵只不过同可怜的鞑靼人交过锋，还没有同荷兰人较量过。一旦和荷兰人交战，他们便会被打得落花流水"，简直是狂妄至极。他万万没有想到，自己这次到北线尾之时就是葬身之日。

宣毅前镇陈泽早已侦知贝德尔到北线尾的行动，看到敌人的数量只有200多人，他立即选调750人的精兵迂回到敌人的侧后方，隐蔽到茂密的草丛和刚挖好的掩体后面待机。兵士们不怕天气燥热，不怕流汗，严阵以待，准备敌人一到便狠狠地予以痛击。

贝德尔指挥荷军下船以后，便以12人为一排，摆开战斗队形放排枪，逼近郑军。陈泽见敌人拿着枪、弓着腰试探着前进，令兵士们沉住气，不要抢先冲击，待到最近距离时再出击。不大一会，当荷军进到离郑军埋伏处80米时，陈泽手中的令旗一挥，掩体里面的铳、炮、弓箭齐发，炮弹在敌群里爆炸，阵地上硝烟弥漫，血肉横飞。陈泽再挥令旗，高喊："消灭红毛，收复故土，向前冲呀！"遂跃出掩体，带领兵士们杀向敌阵。荷兰 C.E.S 的《被忽视的福摩萨》中记载当时的情况说，郑军"箭如骤雨，连天空似乎都遮得黑暗起来"；他们"乘势猛攻，见人便砍，毫不

留情，直到上尉及其部下一百十八人全部战死"。

甘为霖在他的《荷兰人侵占下的台湾》一书中，对郑军兵士勇敢作战描述得更详细：有些士兵执弓负矢；有些左臂负盾，右手持刀；有许多兵士两手执着一把长柄大刀，锋利可怕。每人身上都有铁片甲保护，铁片上下相连缀，如瓦顶瓦片相叠。臂与腿皆露出来，而甲又到脖而止即可防避枪弹。各关节处皆可伸缩，因此可以活动自如。弓箭手为国姓爷最优秀的部队，此战出力不少。他们弯弓射箭，技艺非常纯熟，且能远远中的，来福枪手和他们比较几乎失色。他们的盾手代替了骑兵。每十人有一队长，鼓动他们冲锋陷阵。他们在圆牌后面，缩首折腰，合力向敌人队伍冲来，百折不挠，奋不顾身，似乎他们每一个人都有另外一个准备补充的多余的身体。虽然有许多人受伤倒地，但他们仍继续前进。他们绝不踌躇，甚至绝不四周观望一下，是否有同志跟得上来，只是如狂地向前冲。

被郑军士兵英勇顽强的冲杀吓瘫在地的贝德尔，看到死将临头，急忙命令其士兵撤退。这时，他指挥的队伍已经溃不成军，有100多名士兵相继倒在血泊之中，剩下的残部再也不敢顽抗。他们把手中的来福枪一扔，便"抱头鼠窜，落荒而逃"。贝德尔看到寡不敌众，败局已定，认为坚持抵抗已无济于事，便企图集中兵力，有秩序地撤退。但是，荷军士兵已经不听命令，他们惊慌恐惧，吓得各自逃命。恰在此时，突然有一支箭从郑军阵地射来，正中贝德尔的咽喉，他即刻鲜血淋淋，扑倒在地。这个顽固地与中国人民为敌的家伙，刚有点清醒，还想挣扎着顽抗。说时迟那时快，有一郑军兵士猛扑过来，手起刀落，结束了他的性命。

北线尾陆战，以荷军的全面溃败而结束。荷兰军死伤惨重，118人当场丧命，只有少数士兵连滚带爬才登上了帆船，结果因

北线尾陆战

争先逃命，又把帆船踩翻，一部分淹死水中，少数逃回热兰遮城。他们回去向揆一报告说："现在才知道过去过于轻视敌人，以致根本没有想到会遭到这样的抵抗。"又说，"假如没有那只停在海岸附近的领航船就近接应，必将全军覆没，没有一个人活着回来报告战斗的经过。"揆一哀叹说，此次作战的"另一个不幸是大部分枪械都丢失了"。

血战台江，重创荷舰

四月初二（5月1日）这天，在北线尾岛进行激战的同时，台江上的一场海战也正在激烈地进行着。

郑成功宣令宣毅前镇侍卫镇陈广和左虎卫左协陈冲率领大型战舰60艘，沿台江南下，切断了江东岸赤嵌城与西岸热兰遮城的联系，并对二城形成包围态势。荷军头目揆一边指挥北线尾战斗，边派以"赫克托"号和"斯·格拉弗兰"号为主力，由小帆船"白鹭"号和快艇"马利亚"号组成的舰队迎战。其实，当时港内荷军也只有这4艘舰船。但是，荷军战舰船体较大，设备先进。其船长100米，宽20米，船板厚0.75米，中国称其为"夹板"船，实际上是用圆木制成的。甲板上树有5根桅杆，有3层楼高，帆樯可八面受风，船速较快，不惧逆风。舰船两侧设有许多小窗，可放置小铜炮，甲板上安放2丈长的巨铁炮，每船置各种炮20～30门。而郑军舰船高度仅为荷舰的三分之一，船上只装有大炮两门，在远海大洋中相斗，往往被荷舰利用风力撞翻，或用他们的大船压沉。

双方交战，郑军兵士奋勇杀敌，他们先以舰船数量多的优势对荷船实行分割包围，将投枪、火箭像雨点般地射向敌船。火箭点燃了敌船舰盖和樯帆，引起了熊熊大火。荷军士兵冲上甲板救

火，又被郑军的火炮、箭镞射杀得抬不起头来。荷舰"赫克托"号陷于郑军船队的包围之中，像是圈在笼中的狗熊，乱冲乱撞，企图掉转船头，冲出包围，逃回热兰遮城。

郑军利用荷舰船体大而笨及在港内转动不便和易于搁浅的弱点，又改变战法，进行火攻。当这个最大最重的"赫克托"号一开过来，郑军便立即调集几十艘战舰蜂拥而上，紧紧地追逐上去。其中有五六艘最勇敢的满载火药的郑军船只，士兵们采取"火船"战术，冒着猛烈的炮火和硝烟冲到荷舰近旁，将这些舰紧紧地"钉"死在荷舰上。他们点燃火种之后，又立即跳水泅回。荷兰人 C.E.S 写的《被忽视的福摩萨》中记载说："在浓烟中，突然发出了非常猛烈的爆炸，城堡上的窗子都受到震动。烟散之后，再也看不见"赫克托"号和靠近它的中国船只的踪迹了。根据后来被中国人救起的一名战士叙述，"赫克托"号不幸因被中国船上的火药爆炸而沉没，船上的货物和兵士同归于尽。"放眼望去，江面上漂浮的是该船的碎片和荷兰士兵的尸体，湛蓝的江水变成血红的海洋。

荷军主力舰被炸沉之后，其他三艘舰船已乱成一团。荷军士兵立即调转船头，企图逃跑。然而，郑军旗开得胜，士气旺盛，立即紧追和包围了其他三艘荷船。荷方文献记载说，"赫克托"号被击沉，"鼓舞了敌人（指郑军）的勇气，他们又像蚂蚁似的围住了我方其他三艘船只。"荷军急得在郑军船舰中间来回穿行，并开炮，给郑军兵士造成很大伤亡。陈冲气愤至极，指挥两只大帆船紧靠"斯·格拉弗兰"号和"白鹭"号的尾部，又指挥另外四只船紧跟上来，前后连接，搭成一座桥梁。接着，英勇的郑军兵士三步并作两步地跳上荷船，展开接舷战、肉搏战。登上敌船的郑军官兵，扬起大刀，杀向敌人。只见那荷军士兵的脑袋一个个落地，滚来滚去。船头上的荷兵，趁郑军兵士不提防，开枪射

ZHONGWAIZHANZHENGCHUANQICONGSHU

击，郑军牺牲了 1000 多人。顿时，鲜血流入台江。郑军兵士前仆后继，另一批郑军兵士又爬上敌船，砍断船索，并用铁链扣住敌船的船头、桅杆，再次上船与敌人拼杀。揆一后来说，郑军使用这种"前仆后继、以多胜少的办法，终于不顾我方的决死抵抗，爬上了'斯·格拉弗兰'号。"郑军士兵不顾荷船从船头甲板和船舱里发炮，也不顾敌人投掷手榴弹，再次与敌人展开白刃战，并放火焚烧敌船。由于荷船速度较快，"斯·格拉弗兰"号和"白鹭"号受重创后逃脱，船上冒着白烟逃往日本方向去了。通信船"马利亚"号战败后，不敢返回热兰遮城而逃往巴达维亚去了。

堵截荷方援军，阿尔多普败逃

郑军在禾寮港登陆后，立即扩大登陆场，抢占赤嵌街粮食仓库，防止荷军破坏，同时速将赤嵌城包围。赤嵌城荷军司令描难实叮手下只有不到 400 人的兵力，不敢出战，只是在城楼上远距离发炮，并派人到台湾城请援。荷军连续炮击，城外有的茅房开始燃烧。何斌向郑成功介绍说："街市里多为石房、粮栈，请藩主派兵抢救、保护。"何斌的请求非常及时，郑成功听后立即派户官杨英前往赤嵌街，组织兵士奋力救火，不许荷夷焚烧粮库、房屋；又命令周全斌拨出部分兵士看守，不准各镇随便取粮，一切听从统一调拨，"由是各街米粟，看守完全，无敢侵扰"。

对于荷军将领描难实叮请求增援问题，"评议会"迟迟不能作出决定。"评议会"考虑：据侦知，郑军"人数达两万，国姓爷本人也在内，已经在赤嵌海岸登陆。显然他们会抗拒、追击并打败我们，因为他们有大量的骑兵，配备有来福枪、肥皂刀、弓箭及其他武器。此外，还身穿铁甲，头戴铁盔。"同时，"手边的

船只不够，害怕万一援军失利，热兰遮城堡和福摩萨的处境将更加危险。""另一支400名的士兵早已派往普罗文查（按：指赤嵌城内的城堡），如果再派出一支援军，则用以保卫热兰遮城堡及其周围地区的全部后备军将不足500名……所以决定拒绝普罗文查要塞司令的请求。"但是，"评议会"担心赤嵌城可能很快就会被郑军占领，所以还是决定派阿尔多普率领200名士兵，乘船前往增援普罗文查。

四月初三（5月1日），在台江海战和北线尾陆战行将结束之时，阿尔多普率领的200名士兵也沿台江南岸隐蔽迂回地到达台江东岸，他们涉水登陆与赤嵌城出来的几十名士兵会合，一起向赤嵌街方向反攻，企图阻止郑军前进，并夺回禾寮港。此时，正与向曾文溪和大木连河一带推进的郑军遭遇，一场激烈的战斗开始了。阿尔多普率领的援军排成三排横队，每个士兵都端着来福枪，燃着火绳，缓缓向前推进。阿尔多普一边督战，一边下令开枪。第一排士兵点燃火炮，开枪射击。第一排士兵射击完毕，退到第三排后面，再装弹药。接着第二排、第三排开枪射击，顿时硝烟弥漫。

郑军奋勇迎战，立即出动左、右虎卫镇"铁人"军还击。他们头戴铁盔，穿着坚厚的铠甲及铁鞋；又制有铁面，只露眼、耳、口、鼻，妆画五彩和鬼形，身携弓箭，手执斩马大刀（荷兰人称肥皂刀，豆腐刀，意为砍人像砍豆腐、削肥皂一样容易），临阵有进无退。铁人军双手挥舞大刀，奋勇砍向敌人。但是，在敌人新式火器的密集火力射击下，郑军兵士一个个倒下了。但是"铁人"毕竟是铁人，他们不只是身躯上的铁甲和手中的铁刀，他们更有铁一般的刚毅精神。在周全斌的指挥和监官的督促下，前一批的铁兵们倒下了，后一批的兵士又冲了上去，毫不退缩，直逼荷军兵士面前，进行一场肉搏战！正在此时，另一支郑军从

ZHONGWAIZHANZHENGCHUANQICONGSHU

侧后杀将过来，进行援助。持有先进火枪的荷军士兵长于远射，但惧怕肉搏。几个回合下来，数十个荷兰兵人头落地，几十个荷兵举手投降。阿尔多普看见一个威武的郑军骑士策马向他冲杀，吓得屁滚尿流，急忙下令撤退。有 60 名荷兰士兵跑到赤嵌城躲藏，而阿尔多普则带着部分士兵逃回了热兰遮城。增援赤嵌城的目的没有达到。

荷军三路（一路海上，两路陆上）出击郑军，皆以失败而告终，只好龟缩在赤嵌城和热兰遮城两座孤城之中。郑军切断了荷军的海陆交通，对热兰遮城与赤嵌城形成了包围之势，完全控制了台江的局势，为下一阶段的攻城作战创造了条件。

十四、以战促谈，夺回赤嵌城

荷军于海上、陆地三路作战均告失败后，赤嵌城和热兰遮城已成为两座孤立的城堡，相互间的联系完全断绝。荷方承认，赤嵌城守军"力量单薄，处境危急"，热兰遮城堡"也由于地势关系，难以久守"，整个荷军所控制的街市已完全处于郑军的"包围和控制之下"。正在荷兰在台头目揆一焦急万分、走投无路的时候，收到了郑成功转来的劝降信。

郑成功致信劝降

四月初三（5月1日），海、陆战斗正在激烈进行时，郑军在赤嵌城外的曾文溪抓到两个俘虏，而且是一对夫妇，男的叫维克多，女的叫奥莉，经审问正是赤嵌城荷军守将描难实叮的弟弟和弟媳。郑军官兵按照出师前制定的战场俘虏政策的规定，没有杀害他们，而是送交上级处理。郑成功召见他们，对他们晓以利害，释放其回城，令他们捎口信，劝说其兄长描难实叮献城投降。四月初四（5月2日），郑成功又正式致书赤嵌城守将描难实叮和热兰遮城守将揆一，明令其交出两个城堡，如果胆敢拒绝，定将荷兰人斩尽杀绝。信是由部将杨朝栋和翻译吴迈、李仲前往

送达的。

揆一收信后立即召集"评议会"开会，决定采取"两害相权取其轻"的办法，牺牲局部，顾全大局，提出若干条件同强大的郑军谈判。这个条件就是：荷方愿付出一笔赔款给国姓爷，希望郑军停止进攻台湾，并允许荷兰船只自由通航。如果拒绝接受这个条件，而坚持原来的要求，那么荷兰人可以让出福摩萨本岛，但是希望能允许荷兰人从内地集中到大员来。"评议会"还决定：无论这些建议是否被接受，都要为保卫热兰遮城堡而流尽最后一滴血。

在谈判使者、信件往来的过程中，郑成功加紧了对两城堡的围困。赤嵌城的描难实叮派副官燕·樊·伐尔根和阿德里安·皮克向揆一报告，说郑军已控制了该城堡的水源，郑军"围困得很紧，守军由于日夜守望而筋疲力尽，尤其是在援军不能迅速到达的情况下，不能再坚持下去，也经不起再次的攻击。"

形势紧迫，"评议员"一致认为，已不可能从郑军的控制下救出普罗文查要塞，准备"牺牲局部，顾全大局"，力保热兰遮城堡。为了早日达到和谈目的，又立即派"评议会"议员汤马斯·樊·伊伯伦和检察官勒奥那杜斯，以询问国姓爷来信"意图"的名义，直接面见郑成功，以试探郑成功的最终"目的"。

物归原主，还我故土

说到荷军使者伊伯伦·勒奥那杜斯和翻译小贝德尔（是已被郑军击毙的荷军上尉贝德尔之子），先乘船到赤嵌城，与荷军将领描难实叮打了个招呼，让他做好必要时献城投降的思想准备。然后，便奔向郑军大营。他们沿途看到遍地是郑军营寨，

满山遍野旌旗招展、戈矛林立，还有身着盔甲的郑军铁人兵、手持长柄大刀的步兵、正在训练的弓箭手，还有会使用来福枪和滑膛枪的黑人兵（他们本是荷兰殖民者的奴隶，因受压迫太深而自动组织起来，帮助郑军作战）。他们估计了一下，郑军不下1.2万人。就是这些，已足以使这两位使者产生荷军"必败无疑"的想法。

这两位使者抵达离郑成功幕帐不远的地方，他们先绕过一座小山丘，抬头望去，只见那一排排威武雄壮、操着整齐步伐的卫兵走来走去。不大一会，又一批卫兵前来换班。不久，第三个军官又带一批卫兵走过来。荷兰使者见此情景，两眼发呆，一言不发，心中自我平静地思念着："这只不过是一种炫跃武力的策略。"

郑成功正坐在帐中思考着下一步的用兵方略，忽有中军来报：热兰遮城长官揆一派的两位使者已到！郑成功令他们进帐。使者见国姓爷头戴银盔，身着紫色蟒袍，堂堂正正地坐在一张方桌后面的太师椅上，其他高级将官也身着战袍，环卫于国姓爷左右。威严肃穆的气氛，顿使两位使者心情紧张。他们按照西方礼节施礼后，便由小贝德尔做翻译，将来意说了一大通。郑成功没把荷军使者递交的"信任状"放在眼里，但却以少有的耐心听完了使者伊伯伦喋喋不休的陈述，然后让何斌做翻译，令使者听他的答复：

"尊敬的伊伯伦先生，本藩不能同意你的陈述。你们说什么东印度公司对本藩多么友好，简直是一派胡言。我认为，你们公司觉得有利可图时，便可以高谈友谊；而一旦达不到目的时，便把这所谓的友谊抛上云霄，甚至认为在必要时还不择手段地加害于人。我完全没有义务说明自己行动的理由，但本军来的目的是不言自明的。台湾一向是属于中国的。当我们国家内乱时，无暇顾及，才被尔等荷兰人乘虚而入，暂时借居。现在中国人需要这块土地，你们这些来自远方的强盗就应物归原主，还我故土。这是理所当然的。

"本藩还要告诉你们，尽管我们的同胞受到你们的残酷虐待，尔等罪恶累累，罄竹难书；但本藩的目的并非硬要跟你们作战，也不是为索取公司的财产而自肥，而只是为了收回我国的领土和产业。因此，本藩允许荷兰人用自己的船装载动产和财物，以及枪炮等，全部运回巴达维亚，但必须立即行动，不得有误。如果荷兰人无视本藩的宽大为怀，拒绝交还我们的土地和财产，企图赖着不走，本藩只好用自己所拥有的一切力量强制实行，届时全部后果将由贵公司承担！"

伊伯伦见国姓爷郑成功措辞强硬，无回旋余地，便采取事先准备好的手段，搬出什么当初霸占台湾是与福建官员订过"契约"的，指责郑军"没有理由提出领土要求"，还色厉内荏地说："我方备有足够的人力和资源，足以打退进犯者。荷兰东印度公司将竭尽全力对此进行报复。"郑成功气愤至极，用历史和证据严厉予以驳斥，使者无言以对。郑成功站起来说："你们荷兰人是何等的自负和愚蠢！我不相信你们能打退我。你我之间的力量如此悬殊，真是不识时务！我们不是较量过了吗？你们吹嘘你们的什么铁甲能创造奇迹，奇迹在哪里？还不是一个一个被我们的帆船击毁了吗？你们不是亲眼看到了吗？其中一艘已在烟雾中化为乌有，其余几只因逃窜外海才免遭于难？在陆上，贝德尔上尉不是也狂妄自大、不可一世吗？但他手下那些士兵同样是不堪一击。他们一看见我们的兵士，丢下手中的武器就逃跑，有的干脆自动引颈就戮。这些还不足以证明你们军队的软弱无能吗？"

"我还可以给你们举出更多的证据。"郑成功边说边领着两位

使者眺望远方山坳上正在操练的郑军部队。因为使者来时途经此地已经看到过，所以这时简直不敢再看一下。郑成功看到两位使者面有惧色，便指着赤嵌城警告说："如果你们仍旧违抗本藩命令，一意孤行，我们可立即当着你们二人的面，下令把它攻下来。我们可以轻而易举地占领它，并夷为平地。不客气地说，我大军一动，可以翻天覆地，所向无敌，攻无不克，战无不胜。请你们听从我的警告，对此好好加以考虑！"

荷军使者伊伯伦和勒奥那杜斯，听了郑成功义正词严的答复，又看到郑军如此威严雄壮，心中震惊不已，无言以对。郑成功最后指出："限你们于明早8时以前作出决定：是接受我提出的宽大条件，撤离台湾，还是继续顽抗，坚持作战。如果决定撤离，就挂起王子旗（荷兰国旗）；否则，就挂起血旗，决一死战。本藩拒绝再行谈判。"

使者满口答应："尊敬的殿下，我们回去一定要将您的话原原本本地向揆一长官报告。我相信，明天上午8时，热兰遮堡定会升旗表达我们的决定。最后，我们回热兰遮城之前，想到普罗伦查去一下，可不可以？"

郑成功答应了他们的请求，但必须转告描难实叮先生："放下武器，献出城堡，是他唯一的出路。"二位使者面对满山遍野的郑军，简直不敢细看，更不敢停留，便一溜烟跑向赤嵌城去了。

赤嵌城回归

郑成功加紧了对赤嵌城的包围。该城周围160米，高12米，城墙上有4座炮楼。荷军一直想固守该城，但随着战局发展，已经越来越没有希望。该城荷军守将描难实叮第一次向揆一求援，

ZHONGWAIZHANZHENGCHUANQICONGSHU

153

阿尔多普率领的 200 名士兵战败被杀大半，只有 60 名在泥泞中连滚带爬地钻进赤嵌城内；描难实叮又第二次派人向揆一求援，不仅要求派兵，还要求把火药、炮弹、枪弹、不正形弹、帆索等枪支弹药，连同蜡烛、油、面包及大米一道"火急送到"。但热兰遮城方面没有任何回音。

同郑成功谈判的两位使者一回到赤嵌城，看到描难实叮没精打采、萎靡不振，不用说就知道情况不妙。仔细一了解，该城早已被 1.2 万郑军严密包围，城内粮食只能维持五六天，火药仅有 150 千克，枪弹更少。为了制造小枪子弹，守卫者不得不将卫兵住所的屋顶拆毁，把铅拿来使用。此外，城内饮水奇缺，堡内水井由于泉源已被郑军堵塞而几乎无水流出，加上当地男女和儿童逃入堡内，食物也需要大量增加。有限的士兵由于长期不停地警卫，已陷入极度的疲劳，经不起郑军的攻击。最重要的是，"建筑普罗文查要塞，本来目的是用以对付手无寸铁的中国农夫，从来不曾想到要用来抵挡炮弹的袭击"。因此，他们得出结论说："该地守御十分薄弱"，"除同敌人达成协议外，已无路可走"。有鉴于此，荷军守将描难实叮再三请使者"把这种途穷援绝"的情况密告长官，"没有援军确实不能苦守下去"。

描难实叮心里清楚，等待揆一支援，那是根本不可能的事，现在必须抓住这两位使者来此之机，研究一下应急的措施。两位使者经过一番考虑，决定准许他同国姓爷谈判，"但以不玷污他自己和公司的荣誉为原则，而且必须坚持要保全守城军队，把他们送回大员去"。

正待要研究谈判事宜，郑成功派的使者也来到赤嵌城。郑军使者二话不说，即令描难实叮快些交出该城，否则立即付诸武力。于是，荷军二位使者不得不立即与描难实叮共同拟定了以下谈判条款：

1. 请国姓爷允许代司令（指描难实叮）携带所有家属及财产，在保证安全的条件下离开普罗文查堡，从海路或陆路前往大员，国姓爷对此应提供必要的方便；

2. 请国姓爷允许撤退的荷兰士兵扬旗击鼓，火绳点火，火枪上膛，携带一切所能携带的物品，安全渡往大员；

3. 描难实叮保证向殿下交出普罗文查堡及所有枪炮和武器；

4. 国姓爷保有已占领的所有堡垒；

5. 请国姓爷保证满足福摩萨基督教徒的愿望，不受任何干涉……

6. 要求允许福摩萨居民，包括荷兰人、中国人和福摩萨人保有其财产；

7. 保证依法清偿一切债务，国姓爷对此类请求及支付，应予协助。

商定好了这几条投降条款之后，荷军将领描难实叮心情才平静下来。他问揆一的使者伊伯伦："看来，这几条的中心意思是把普罗文查交出去。那么，国姓爷如果再派人来逼降，是否就把这几条端出去？"

伊伯伦回答说："是的。但还需要长官及评议会研究批准。"这时，伊伯伦知道二城堡之间的联系已被切断，很难及时告知"评议会"对此问题的答复。于是，他说："如果获准，即于明晨7时在台湾城上空鸣炮两声，升降公爵旗（即荷兰国旗，由红、白、青三色组成）三次，作为信号。"

描难实叮送别揆一派来的使者，又是唉声叹气，又是敲桌子、摔板凳。正在此时，他的弟弟和弟媳也跑来劝说："你们的谈话，我们都听到了。看来，国姓爷跟使者的谈话，与昨天让我

ZHONGWAIZHANZHENGCHUANQICONGSHU

捎给你的口信一样，都是献城投降，否则立即开炮。哥哥，我昨天告诉你，你不以为然，看来非走这条路不可了。郑成功是好人，他礼待我们，还派人送我们回来。他叫我转告你的话，你是否忘记了？他说，如交出城堡，一切宽大对待。他说话是算数的。"描难实叮开始犹豫起来。

弟弟观察了一下描难实叮的脸色，看他决心难下，于是又接着说："国姓爷那边，满山遍野都是军营，我简直不敢细看。只是快到普罗文查堡时，送我们的士兵回去后，才仔细回头观看了一番。只见那紧靠城北就装置好火炮11门，其中有青钢赤尔托炮一门，铁制巴生炮2门，还有数不尽的攻城战具和刀枪、弓箭。还有许多用画有可怕而带红色的铁制面具伪装起来的士兵……"描难实叮摆了摆手，意思是不让弟弟和弟媳再说下去，立即决定让他夫妇二人于当天，即四月初五，再去国姓爷处谈判。描难实叮交待说，若国姓爷接受已准备好的条款，我荷军将献城投降。

描难实叮的弟弟和弟媳，拿着事先拟好的条款与郑成功谈判。郑成功听后，严正揭穿了荷方妄图保存实力的阴谋，坚决拒绝把荷军士兵集中到大员去的条款，勒令其献城投降。最后，双方达成协议，描难实叮乖乖地答应了国姓爷提出的一切条款。

四月初六（5月4日）中午，赤嵌城上空降下了荷兰国旗，随即升起了白旗。下午5时，白旗落下，又升起了中国旗。描难实叮交出了城堡及所有军用物资，从司令到战士700多名全部守军成了郑军的俘虏。赤嵌城回到了祖国的怀抱。

赤嵌城回归

ZHONGWAIZHANZHENGCHUANQICONGSHU

十五、乘胜进击，围攻热兰遮城

反荷烈火燃遍台湾全岛

国姓爷郑成功收回赤嵌城的消息很快传遍台湾全岛，各族人民欢呼跳跃，庆祝胜利。人民起义的烈火以燎原之势，迅速燃遍了全岛各地。杨英的《先王实录》中写道：国姓爷的军队一到，各村社土藩头目俱来迎附，如新善、开感等里。藩令设宴，并赐给他们的正副土官袍帽、靴带。由是南北路土社"闻风归附者接踵而至，各照例宴赐之。土社悉平怀服。"

台湾的汉人，高山族同胞，从郑军登陆时就是郑成功收复台湾与荷军作战的强大后盾。C.E.S 的《被忽视的福摩萨》也承认说："还有全体中国侨民（指中国内地移民）数约 2.5 万名的壮丁做他（指郑成功）的后援，所以不到三四个小时就实现了他们的目的，以致那些惊慌而绝望的台湾土人，也都归附了敌人（指郑军），与全部华侨（指中国内地移民）一样都成了危害我们的人了。"这段话充分反映了作者（即揆一）顽固的态度，同时也反映了中国台湾各族同胞团结一致、支援郑成功大军的真实情况。

郑军登陆成功，特别是海陆作战的胜利喜讯和收复赤嵌城的

消息，鼓舞着台湾同胞起来积极投入战斗。他们不分男女老少，也不分山地与平原，都不约而同地拿起武器，痛击荷兰侵略者。

新港的台湾同胞，狠狠地袭击了荷兰的军船"厄克"号。船上有40名荷兰士兵，其中的14人顽固抵抗，被当场击毙；其余当了俘虏，被押解给郑军统一处理。新港的台湾同胞还痛打殖民者传教士，砸烂教堂。他们活捉了5个传教士，其中有名叫芬达和深斯的两个传教士，坚持与中国人民为敌，死不投降。最后，在其长官府前被郑军兵士处死。萧垅的台湾同胞也自动组织起来，围攻和袭击那里的殖民者。殖民者吓得聚拢在一起，逃往麻豆，继而逃往哆罗啯、诸罗山，最后都当了俘虏。

四月十二日（5月10日），郑成功还亲临汶港（即北港，在今台湾云林县）察看地形，并到新港、目加溜湾、肖垅、麻豆等四处慰问各族台湾同胞，肯定和鼓励他们的反荷斗争。

还有的台湾同胞自动组织起来，砸烂殖民者的统治机构。新岸地、下淡水、放索、卑南、鸡笼，以及其他郑军尚未抵达的地方，台湾同胞也纷纷组织起来，与殖民者进行坚决的斗争。几天前还不可一世的荷兰殖民者老爷们，如今成了人人喊打的过街老鼠，找不到丝毫的藏身之地，失去了早日飞扬跋扈的威风。

特别值得一提的是，自动组织起来的两队"黑人兵"，也加入了郑军队伍。他们是荷兰殖民者从亚洲、非洲等地掳掠和贩卖来的大批各肤色的奴隶。他们长期受尽了非人的待遇，开荒种地、当兵打仗，承受着十分繁重的苦役。台南市郊永康乡的乌竹村，原名"乌鬼桥"庄，就是殖民者役使黑人开荒建成的。特别是在战场上，荷兰人把他们称之为"黑鬼""黑人"的士兵放在最前面打冲锋，而荷兰兵只是躲在他们后面。他们当了郑军的俘虏后，郑成功十分了解和同情这些黑人的处境，不伤害他们，经过教育，激起了他们对殖民者的深仇大恨。于是，他们组成两个

ZHONGWAIZHANZHENGCHUANQICONGSHU

分队，调转枪口，积极参加到反殖民斗争的队伍中来。揆一得知后哀叹说："他（指郑成功）还有两个中队的'黑人兵'，其中有许多黑人以前是荷兰人的奴隶。他们知道如何使用来福枪与短枪，因此在福摩萨的战斗中，造成我们很大的损害。"（C. E. S《被忽视的福摩萨》卷上）亚洲、非洲的黑人朋友，用自己的生命和鲜血为反对殖民主义谱写了壮烈的篇章。

调集兵力攻打热兰遮城

郑成功收复赤嵌城（现台南市）后，乘着海陆作战连续获胜和全岛反荷斗争高潮的蓬勃发展，决定一面勒令揆一无条件投降，一面调集兵力作好准备，一旦揆一拒降，即以武力进攻热兰遮城。

热兰遮城即台湾城，位于一鲲身岛。该城是荷兰殖民者在台湾的统治中心，城堡坚固，防御设施完整。城周长850米，高10米，分三层，下层深入地下4米多，"城垣用糖水调灰垒砖，坚埒于石"。城四隅向外突出，置炮数十尊。荷军炮火密集，射程远，可封锁一鲲身与北线尾岛之间的南航道。当时，城内尚有荷军870人，可凭城固守。但是，赤嵌城被郑军占领之后，台湾城已是一座孤城，城内缺粮缺水，荷军处境十分困难；加之当时南贸易风季节刚刚开始，要等待六个月进入北贸易风季节后，才能派船将台湾的处境告知巴达维亚，然后再等六个月才能利用下一次南贸易风季节取得援助。因此，荷军防守该城更加困难。

郑成功为了牵制热兰遮城荷军，早于四月初四（5月2日）派杨祥率军前往七鲲身设伏，从左侧逼近热兰遮城。荷军一部行至七鲲身，还没来得及准备，即被杨祥的藤牌军冲垮，死伤过半，其余荷军士卒狼狈退回热兰遮城。郑成功遂令部队立栅，设

炮台，继续做攻城准备。

四月初六（5月4日），即赤嵌城荷军将领描难实叮献城投降那天下午，郑成功当即致信揆一，令其以同样条件交出热兰遮城。此信令描难实叮转交。描难实叮不敢前往，又派奥塞卫尔送达。揆一及其他"评议员"尽管各持己见，有的埋怨过去樊德朗的判断错误，有的埋怨巴达维亚不予重视，深感处境十分暗淡。但他们不得不打起精神，预作准备，逐一计算，城内还有 1733 人，其中士兵 870 人，炮手 35 人；城内还有不少粮食和鹿脯，以及牛肉、猪肉等物资；更重要的是还有可发射 6 千克、9 千克和 12 千克炮弹的青铜炮及铁炮 20 多门，并已安置在城堡前广场和布列街南面。"评议员"们自认凭这些条件，还可以应付一阵子，所以，最后还是决定"尽力保住热兰遮城"。为此，狡猾的殖民者决定将粮食及一切物资撤入城内，并在城上挂起了大白旗，表示"决心抵抗到底"。

郑成功侦知揆一准备一战，立即召开军事会议，经讨论决定从海、陆三面围攻热兰遮城：令马信率左右虎卫镇从北线尾直攻台湾街，为主攻；又令黄昭："尔可带铳手五百名，连环炮二百门，分作三队，前往鲲身尾，列阵以待。"又令杨祥："尔可带藤牌手五百名，从鬼子埔后绕过鲲身之左，横冲截杀。"再令萧拱宸："尔整艍仔船二十只，看彼队伍将过鲲身，欲与我们交锋，随即摇旗呐喊驾驶，作过去攻城状。彼兵见之，自然慌乱，不敢恋战，破之必矣。"在诸将受命后，郑成功又严肃庄重地对大家说：此战是关键的一战，大家务必戮力同心，奋勇杀敌。不遵命、畏缩不前者立斩！

四月初七（5月5日）清晨，郑军从东、南、北三个方向进攻一鲲身岛。马信指挥的几千名"铁人"军从北线尾登上一鲲身，直攻台湾街。当时，荷军正仓忙将市区的粮食搬往城堡，并四处放

ZHONGWAIZHANZHENGCHUANQICONGSHU

火,企图将全市烧成灰烬,不料却与郑军的"铁人"军遭遇,被杀得七零八落。余众丢下手中火把和武器,急忙逃回热兰遮城堡。马信命令士兵迅速扑灭烟火,抢救出大批粮食,保护了市区。

在热兰遮城东边,郑军船舰严密封锁江面。市区的荷兰人见郑军的帆船翩翩,旌旗招展,无不惊慌失措,急忙向城堡内逃窜。他们说:"在那里呆一个晚上,就等于把头搁在断头台上。因此,不管有没有命令,都要逃进城堡里来。"郑军乘大批小船从四面八方进攻市区,荷军企图用大炮还击,但因炮架设得太高,不能击中行驶迅速而不断逼近的郑军船只。郑军登陆后,接着向城堡发起进攻。荷军阿尔多普上尉指挥的狙击兵,不敢交战而不得不退人城堡。在撤退前,敌人在市区四处放火,企图把锯木厂、商店及所有房屋烧掉,但由于郑军士兵竭尽全力扑灭火势而终于保住了。

经过两天多的战斗,郑军占领了热兰遮城大部分市区,只剩下一个孤零零的城堡。郑成功令士兵暂停攻击,要就地立栅、设炮台,加强防守;同时令杨英、何斌将缴获的米粟 6000 千、糖 300 吨补给军队。

针对荷军热兰遮城堡坚固难攻的特点,郑军必须采取新的战术,即先用威力强大的重炮将城墙轰开一个大缺口,才能突入城内,攻占整个城堡。四月二十四日(5 月 22 日)这天,揆一拿起望远镜一看,发现郑军已在城外驾起了 28 门大炮,于是下令用大炮和步枪连夜攻击。但由于天色漆黑,炮火击不中目标,郑军从从容容地完成了强攻准备。

四月二十六日(5 月 24 日),郑成功完成了强攻准备后又致信揆一,并由荷兰牧师安东尼·汉布鲁克当面送达。为了使信的内容翻译准确,信是由俘虏、原赤嵌城代司令描难实叮翻译的。信的全文如下:

大明招讨大将军国姓致书大员长官揆一：

你们荷兰人只有数百兵力，焉能同我们强大的兵力作战？你们真是丧心病狂，不明事理！

本藩体上天好生之德，不忍生灵涂炭，故多次致书劝降。你等应好好考虑妻子儿女得以不死，全部财物得以保全，这是何等重要的事情。

现在我请牧师汉布鲁克给你送信，并向尔等提出如下议和条件，希望你仔细考虑：

第一，在我开炮攻城前，你们如将堡垒献出，我将以对待普罗文查城司令描难实叮之方式对待你等，即保全你等性命。你等若有什么要求，我也都答应。我说的都是实话，决不欺骗尔等。

第二，即使在我开炮攻城之后，如果长官和大小将士挂起白旗前来求和，我也将立即下令停止炮击，以示我话并非虚假。如果你方将领携带眷属来我这里，证明你等真心求和，我将立刻下令将大炮搬回船上。据此，长官及属下可以看出我之和平诚意。你们完全可以信任我。

再者，和约缔结后，你方士兵必须立即撤离城堡，由我方将士入城维持治安。我将通令将士对你等财物秋毫无犯，并许你等留少数男女仆役在家照料。凡在赤嵌或大员有家愿意去居住者，准其携带各自财物离城。

另有一言相告：有求必应是中国人的一贯风度，但我们认为城堡非常重要，决不能留给你们。你们有什么要求，均可答应，但是不能要求和赤嵌居民一样，给你们两天期限以便携出财物；因为赤嵌居民在我未开炮攻城前投降，而你们则迟迟不决。你们既已耽搁了这么久，因此不得在城内再作片刻逗留；我方炮弹轰开你们的城墙以后，你等必须立即离城。

攻打热兰遮城

……

我的一言一语全世界的人都可信赖。他们相信我一定和以前一样信守诺言，我从不愿欺骗任何人。城堡里的每一个荷兰人都应该注意这封信，因为这封信从头到尾都是真话。现在的局面是：你们生死存亡，俱操于我。你们应该当机立断，若再延宕不决，等于自寻死路。

前者揆一先生曾说过，他不懂得中国文字，我送去的信件他都不能理解，所以这封信由前司令长官描难实叮写成荷兰文。希尔等谨记在心。

ZHONGWAIZHANZHENGCHUANQICONGSHU

永历十五年四月二十六日

面对国姓爷的来信，"评议会"就如何答复国姓爷及采取什么对策，又争吵一个通宵，最后回信郑成功：

福摩萨岛各城堡及其人民的长官及指挥者弗里第里克·揆一致国姓爷：

昨天傍晚，我们从牧师汉布鲁克处收到来信。

我们完全明白来信内容，然而我们只能给你一个答复，即本月十日送去的信中所说的，为了全能的上帝的荣誉（我们完全信赖主的帮助），为了我国及荷兰东印度公司董事会之福利，我们即使危及生命也必须继续守卫本城。

本想在昨天晚上回信，但在牧师到达这里的晚间，我们看见你方军队正在热兰遮市区赶筑工事以对付我们，我们只好也忙着赶筑工事，来不及写回信。你部下的兵士会告诉你，对于那些对准我方的大炮，我们做了怎样的回答，今后也这样回答！

弗里第里克·揆一

1661 年 5 月 25 日于大员

ZHONGWAIZHANZHENGCHUANQICONGSHU

看了揆一的复信，不容分说，郑军给敌人的回答是开炮。

郑成功在鲲身山，亲自指挥攻城作战。为了出奇制胜，他把炮击时间定在拂晓，即在敌人沉睡时集中火力将墙轰开个缺口，然后突入城内，一举攻占。部署就绪，将士信心百倍，士气昂扬，纷纷表决心，争当先锋。

二十七日（5月25日）天亮前两小时，几十门大炮一齐怒吼，火光冲天，浓烟滚滚，弗里辛根与坎普菲尔两棱堡之间的胸墙，以及新棱堡与东半月堡等地的胸墙被摧毁，城墙被炸开250多个洞，最大的有1米深。有一发炮弹落在揆一官邸，房屋被击坏。荷军士兵陆续有伤亡。炮击持续到天亮，郑军蜂拥爬上城墙。荷军开炮还击，并派出100多士兵和奴隶出城，破坏郑军大炮。郑军兵士与敌展开肉搏战。战将马信身先士卒，英勇杀敌，不幸受重伤。此次白刃格斗，荷军又死6人，伤29人。郑军伤亡也很大，特别是不少大炮遭到破坏，攻城作战受阻。

郑成功看到阵前失利，爱将马信又伤，立即下令收兵。他听取周全斌等将领的意见，感到热兰遮城堡坚固，一时难以得手。为了保存实力，减少伤亡，决定改用"围困待其自降"的方略。

十六、久困长围，"待其自降"

自阴历四月底郑军对热兰遮城堡采取久困长围的策略后，作战双方对峙了 7 个月。长期的围困，为最后攻克堡垒，收复台湾，创造了条件。

充实调整，以备决战

郑军停止对热兰遮城的强攻后，从五月初一（5 月 28 日）开始加固攻城设施。为了防止荷军出击，郑军在所有通向城堡的街道筑起栅墙，并且挖了又宽又深的壕沟；又在要害位置安置各种攻城大炮和攻城战具，郑军的大炮能发射 3 千克重的炮弹；还在薄弱地段增派军队，以防荷军突袭。据荷兰方面的文献记载说：从这一天起至支援舰队到达为止，双方没有发生什么重大事件。国姓爷的军队并不急于进攻，因为城堡内的人已被他们团团围住，而且我方兵力很弱，完全没有出击的可能。又说，郑军已占有美丽、富饶的土地，士兵们在海上漂泊了那么多年，现在可以安闲自在地休息一下了。

一个月来的战斗，虽然战果辉煌，但郑军本身伤亡也很惨重。为了增强围攻荷军海上堡垒热兰遮城的力量，郑成功令第二

梯队离开厦门，开往热兰遮城外海，特别是盼望参军陈永华能够早日到来。因为多年以来，郑军南征北战，幸亏有陈永华在身边做参谋。如今，收复台湾的战事虽然进展顺利，但遇到的难题也不少。每遇此情况，郑成功总是感到自己像个独臂将军，思考方略，决策进取，也不像过去那样得心应手，稳操胜券。因此，他思考再三，最后认为，金、厦的防守虽然重要，但那毕竟是在后方，还是需要把陈永华请到第一线来，以筹划军机要务。

五月初二（5月29日），郑军第二梯队6000人，在陈永华、黄安、颜望宗、胡靖、陈瑞、陈璋等将领的统率下，乘船浩荡地抵达台湾外海，北起鹿耳门，南至大港，一线展开，堵截热兰遮城的海上援军；同时，令黄安率部队从一鲲身南面逼近热兰遮城，与北面的马信军形成两面夹击之势，以断绝荷军一切陆路通道。

郑军船多兵众，后续部队到达后增至2万多人。郑军本来就很紧张的粮食问题，这时又突出起来。登陆时从赤嵌街缴获的粮食早已用尽。十天前，郑成功遣五军戎政杨朝栋、户都事杨英并通事何斌到各乡社，搜索红毛夷藏匿的粮食60万升、糖300吨，也即将用完。于是，郑成功又召集紧急会议，研究筹集军粮问题。正当郑成功犯愁之时，陈永华说：“二程官兵离厦门时，原想带些粮食，因满清政府在东南沿海实行‘迁海’政策，沿海居民全部内迁10千米，寸板不许下海，违者立斩。这样，思明州（按：指厦门）守军与内地民众隔离，也难以筹措粮饷。”接着，他劝慰郑成功和诸将：“依永华之见，天下无有难人之事。不妨从三方面着手：一是派人守候港外，凡运粮船只，不分中外，一律截取；二是令入台部队就地屯垦，且耕且战，自产自筹；三是到各乡社，劝使山民商贾献粮卖粮。此三法，如得实行，想必缓解当前困窘。”

郑成功听后，转忧为喜，豁然开朗，诸将亦全力支持。但也有人提出若不及时惩处"搜掠台湾百姓银两、藏匿粟米的罪犯"，乡社山民、商贾有粮也不会供出。此事诸将清楚，指的就是郑军内部宣毅后镇吴豪。于是，郑成功即派专人查实吴豪一向反对复台等罪行，立即以军律将这个违犯军纪、掳掠民财的罪犯处死。此举大快民心。从此，乡社民众更加信赖郑成功，更加拥护和支持国姓爷的军队，无不踊跃献粮、售粮。半年以后，郑军屯垦也大有收获，台湾同胞也捐售了不少粟米，为郑军与荷兰侵略者进行决战，夺取最后胜利创造了条件。

荷军受困，指挥混乱

郑军从容地整顿了内部，调整了力量，而热兰遮城的荷兰侵略者却仍在焦急地等待南贸易风结束，以便在北贸易风吹来时，能够把情况通知巴达维亚，请求援助。郑成功针对揆一的焦急心情，于六月初二、初三、初五（6月27日、28日和30日）分三次致信劝其投降，指出：荷军不可能坚守很久，也难能等到明年援兵到达，因为在本年内巴达维亚不可能有商船开来。即使巴达维亚派来援兵，至多也只能有十只战舰和两千士兵，数量仍然少我军很多；即使不断获得有限的增援，坚守十年之久，我们也有耐心等待。热兰遮城内的殖民者看到郑成功有如此大的决心，个个犹如热锅里的蚂蚁，心急如焚。

就在这时，从台湾偷偷逃回巴达维亚的燕·樊德朗，还向荷兰的殖民机构东印度公司报告说："揆一长官和评议会只是风闻几个不可靠的中国人的道听途说"，而担心国姓爷要收复台湾；又声称经他调查，"根本不存在任何战争逼近的迹象或可能性"。于是，东印度公司随之也得出相同的结论，认为"揆一的报警毫

无根据",便立即免去了揆一的职务,剥夺了他的荣誉,并派赫曼纽斯·克伦克前去接替他为新任驻台长官。此人是阳历6月21日离开巴达维亚的。没过几天,在台江战败的"马利亚"号逆着南贸易风航行了50天,回到了巴达维亚,并报告了"强大的中国舰队和军队到达福摩萨"和荷军屡战屡败的消息。于是,东印度公司又急忙撤销克伦克接替揆一职务的决定,并派快艇追赶克伦克。

赫曼纽斯·克伦克于阳历7月30日到达大员港湾,十分惊骇地看见海湾北面有好几百艘国姓爷的舰船,又看到热兰遮城上空飘扬着一面大红旗,吓得不敢向前开进。他只好派人乘小船到热兰遮城报告自己是来赴命的,并宣布了东印度公司关于撤换揆一长官职务的决定。这一突如其来的消息引起了"热兰遮城堡官员、士兵和平民极大的不满"。他们哀叹:"从巴达维亚迅速获得救援的一切希望都破灭了","事情本来已经面临绝望的地步,现在又传来这个噩耗,不可能再希望从巴达维亚获得援助,更使形势恶化起来。"

赫曼纽斯·克伦克这位赴台新任长官,因惧怕战斗,未敢到任,在大员港外船上呆了几天,尔后便借故跑到日本去了。热兰遮城内只剩下400名荷兰士兵,且好多人已染上了疾病。没有染病的士兵,因接连不断的警戒,也已疲累不堪。荷兰人认为,在这种情况下,要坚守下去是根本不可能的。

击退巴达维亚援军

巴达维亚的东印度公司,从"马利亚"号快艇艇长口中得知国姓爷已进攻台湾的真实情报后,一方面忙着派人去追回克伦克,企图收回撤销揆一长官职务的命令;一方面拼凑了700名士

兵和 10 艘战船，外加一些水手和军用物资，"作为救援大员的援军"。荷兰巴达维亚当局认为："保卫福摩萨对公司来说是无限重要的事情，这次远征需要一个有威望而又精明的军官"。可是，当时在巴达维亚的"评议员"们当中却没有这样的人才，也没有一个"评议员"愿意担任这个职务。最后，经过三番五次的重赏和劝诱之后，决定派律师兼检察官科布·考乌率军前往。此人毫无军事素质，只是在做学生时常常用剑劈砍过街上的石块或居民的玻璃窗户，没有任何作战经验，更谈不上率军打仗。

考乌所率援军于阳历 7 月 5 日（六月初十）离开巴达维亚，在海上航行 38 天后到达大员湾。8 月 12 日（七月十八日），他们发现郑军舰队阵容庞大，军威雄壮，不敢靠岸。考乌先派人乘舢板送一封信给揆一。夜幕降临，舰队隐蔽地驶入航道。靠近码头时，忽然天气变坏，风大浪高，水手们手忙脚乱地只卸下 25 名士兵和 1 吨火药及其他作战物资，便匆匆忙忙逃跑了。正当考乌束手无策的时候，有只郑军的战船从台江快速开来，边开炮边喊话，令荷船投降。考乌一看情况不妙，立即掉转船头逃跑。小艇"厄克"号在慌乱之中触礁沉没，船上的荷军士兵全部被郑军俘获。

郑成功得知荷兰援军到达，并从"厄克"号小艇的俘虏口中得知荷兰援军的主力虚实，以及考乌只不过是个不懂军事的律师等情况后，即令原围城部队和新到的第二梯队，加紧围城，并作好海战、陆战的战斗准备。荷兰援军到达的当天，郑成功即派 150 名士兵开赴热兰遮城市区，侦探敌情；次日，又命令 40 艘装满了士兵的战船靠岸，视情而动。总之，要准备迎接一场恶战，坚决打退考乌率领的援军舰队。

科布·考乌率领的援军舰队在外海停泊了 28 天，于闰七月十七日（9 月 10 日），才有 5 艘船只在热兰遮城附近海面停泊。14

ZHONGWAIZHANZHENGCHUANQICONGSHU

日（闰七月二十一日），"评议会"召集会议，研究向国姓爷的军队发起反击作战问题，要求所有船长、艇长、尉官全部参加。会议决定：用增援的战船和士兵，把国姓爷的军队逐出热兰遮城市区，并击毁停泊在赤嵌城附近江面上的郑军船只，以摆脱被围困境。其兵力部署是：以两艘战舰迂回到市区侧后江面，摧毁郑军炮位；从城堡另一面出动步兵三四百名，进攻市区；另派三艘战舰、两只双枪舰和 15 只小艇，袭击附近海面的十二三艘郑军船只，以作牵制；如果顺利，再用同样的方法进攻停泊在较远处浅水中的另外两小队中国帆船。此次作战，揆一没派考乌，而派海军舰长卢特·塔华隆·贝斯为总指挥，艇长伊斯布兰特·波麦为副指挥，要求对郑军"决不饶恕船上的任何人，见人就杀，不留一个"。"评议会"还规定：此次作战，"凡是俘获或焚烧一只帆船的，赏银 100 里尔；一只中型帆船的，赏 50 里尔；一只舺仔船的，赏 25 里尔"，特别强调"这是一场严酷的战斗"。

闰七月二十三日（9 月 16 日），荷军分水、陆两路向郑军发起反击。荷军舰艇刚刚离开热兰遮城码头，便因风停而不能前进了。不久，风从对面吹来，舰船逆风前进未能及时到达预定地点。

郑军发现荷舰出港，立即分三队出击，隐蔽前进。副龙烦走在前面，其他船只在龙烦船两侧，停在有利水域设伏待机。只见荷舰队走在最前面的是一艘三层高的铁甲舰，帆桅高耸，炮窗密布，气势汹汹。当敌人舰队驶入设伏海域后便完全处于暴露状态。郑军副龙烦大舰上的红高招（一种指挥信号）升起，万炮齐发，打得侵略者措手不及。敌铁甲舰"科克伦"号被击沉。另一艘荷舰"克登霍夫"号在硝烟中被郑军包围，因其舰炮射程远，在近战中便失去了威力。于是，荷军士兵就掷手榴弹和火罐。郑军士兵手疾眼快，把敌人扔出来的手榴弹立刻再扔回去，石块和

击退巴达维亚援军

ZHONGWAIZHANZHENGCHUANQICONGSHU

火箭也雨点般地射向荷舰。荷军死伤严重，但舰船尚未受损。郑军又出动许多小沙船，满载火药筒、硫磺，在大船炮火的掩护下，疾驰到荷舰旁边，并迅速与敌舰连在一起。郑军兵士点燃引信后，迅速跳海泅水而回。身后满载爆炸物的小船火光一闪，立即连同敌船一起爆炸，一艘大的敌舰被烧毁。经过一小时激战，击伤、烧毁荷舰 2 艘，俘获小艇 3 艘，使其"损失了一个艇长，一个尉官，一个军曹和 128 名士兵，另有一些人受伤"。荷军其余几条小船战败后逃回巴达维亚去了。

荷军的反攻，以其彻底失败而结束。

荷军海上进攻失败的第二天，揆一又企图在陆上发动进攻，"碰碰运气"。他们计划拼凑 400 名士兵、50 名弓箭手，在闰七月二十四日（9 月 17 日）拂晓时进攻郑军在布坚堡的兵营，但由于作战物资不足等原因，只好放弃了这个计划。八月二十七日（10 月 19 日），揆一企图派 200 名士兵向北线尾发起进攻，但由于郑军防御坚固，炮火猛烈，只好作罢。从此以后，荷军再也"不敢试行登陆"了。

荷清联兵阴谋的破产

荷军反攻失败后，热兰遮城内只有荷兰居民 370 人，新兵 498 人，住院的病号 300 人。荷军被困数月，军粮得不到补给，加之血痢、坏血病、水肿等疾病流行，兵民士气低落，不愿再战。在此情况下，揆一及"评议会"决定："今后不再对敌发动进攻，转而进行防御。"

正当郑成功收复台湾的斗争节节胜利的时候，背后的敌人清朝军队竟然不顾中华民族的民族利益，向荷兰驻台长官揆一示意，妄图联合侵台荷军共同消灭郑军。九月十五日（11 月 6 日），

清闽浙总督李率泰致书荷兰驻台长官揆一，称郑成功是"我们的共同敌人"，表示"愿意尽力支援，用双方的联合力量来一举歼灭"郑军。李率泰还表示可以提供一切可能的"援助"，并希望荷方立即派出两艘战船，"去消灭仍留在中国内地的国姓爷军队。"李率泰在给清朝皇帝的奏折中，先说明了自己与荷兰人的特殊关系，进而阐明联合荷兰殖民者消灭郑军的企图。李率泰的如意算盘是：如果荷军派出舰队去进攻厦门郑成功的留守部队，郑成功必然回师援救，热兰遮城之被围便可得以解脱；清朝还可以供应台湾荷军所需要的一切军用物资。

荷兰殖民者得此消息，重新燃起了新的希望，互相奔走相告，对坚守到明年，等待巴达维亚大批援军的到来似乎又增加了点信心。他们原来已把城内的珍宝、货物、财产等转移到外海停泊的船上去，认为那样比放在城内安全，在形势紧急时，可以很快逃跑。传来与清军勾结的消息以后，他们改变了主意，决定将所有公司的和私人的财产全部搬回，认为还是放在城堡里安全些。

十月初五（11月26日），"评议会"决定：立即派人与清福建巡抚李率泰取得联系，并派出三艘威力最大、航速最快的帆船和两艘小船，带足粮食、弹药及其他军用物资，挑选一些身强力壮的士兵，前往大陆与清军组成联军，进攻国姓爷在大陆的留守部队。早已"下定决心，要设法逃出困境"的考乌认为时机已到，便主动请求担任这次出征司令的职务。"评议会"没有怀疑他另有不可告人的企图，便同意了他想当司令的要求，并决定由秘书康斯坦丁·诺贝尔为副司令，共同率舰队前往。

十月十二日（12月3日），考乌率五艘舰船组成的小舰队离开热兰遮城。"评议会"明确规定，只有遇到恶劣气候或风暴时，才能到澎湖群岛停靠。可是，心中另有打算的考乌一出海，就像

出了笼子的鸟，直奔澎湖。有三艘小船中途出了故障，考乌也置之不理，他下令给船长，将自己坐的舰船调转回头，经暹罗回巴达维亚去了。其余三艘开往澎湖的船只，在找不到考乌的踪迹的情况下，也只好回台湾了。

考乌临阵脱逃的消息传到热兰遮城，揆一和城内所有荷兰人原"指望在中国内地打败国姓爷，这个意外事件使他们获救的希望落空了"。

荷清联兵夹击郑军的图谋彻底破产。

十七、攻克海上堡垒，收复台湾全岛

决战时机的成熟

热兰遮城被围困半年多，荷兰殖民者很难再继续坚守下去。揆一承认："公司现在在福摩萨全岛，甚至热兰遮城外，已是一无所有。该城同陆地的联系已被切断，四面受围，仅得存有能从海上得到援兵的唯一小出口。"郑军从1661年4月开始围攻台湾城，未克，遂于月底改为长期围困。到11月20日，城内负伤或得病而死去的荷军共378人，其中包括上尉2人，中尉4人，少尉3人，军曹15人，士兵355人。此外，死掉的还有与军队无关的一大批人，其中有男女奴隶157人。健壮能胜任战斗的士兵很少，加上所有荷兰人仅有950多人。揆一认为：热兰遮城如果能从巴达维亚运进食品和军需品，还是能坚守一段时间的，但快艇"荷兰地亚"号从巴达维亚运来的大员最急需的食品，都在日本被大量消耗掉了；由"罗斯德年"号从日本运到大员的食品，因长时间的航程，运到时已全部腐烂。城内兵如煎似熬，难以度日。

热兰遮城内的荷军士兵和其他荷兰人，为求活命而投降郑军

ZHONGWAIZHANZHENGCHUANQICONGSHU

的越来越多。有一个军曹名叫汉斯·哲根·拉迪斯的,他于 12 月 16 日出降。他向郑成功供出了被围城内的详细情况:考乌逃跑后,城内失去了坚守下去的信心;由于长期的连续不断的围困,守军已经精疲力竭;城中已经找不到 400 名强壮的士兵,并且这个数字也由于疾病而日益减少;强壮的士兵也由于过度疲劳,不可能坚持很久了。这个投诚者还向郑成功提了许多建议。他劝郑成功:要充分利用围城内普遍存在的惊慌情绪和疲弱状态,不仅要用封锁,而且要用连续攻击来彻底使荷军疲惫,"使其完全绝望";他还特别提到,热兰遮城内的工事网建造得太低、不牢固,且守卫薄弱;特别是乌特利支圆堡及其所在的小山头,对于攻下热兰遮城十分重要,如能先占领,可居高临下,瞰制全城,只需用少量的兵力,就可以占领,等等。

综合各方面侦察的敌情,郑成功召集诸将会议,认为对热兰遮城由围困转为进攻,与敌进行决战的时机已逐渐成熟,于是决定立即着手准备,向热兰遮城发起总攻。

总攻热兰遮城

为了一举攻克热兰遮城,早日结束台湾战事,郑成功于十一月初下令各镇,将大部兵力向大员南岸一鲲身集结,此地已准备了充足的粮食和其他军需品。同时,又在一鲲身增建了三座炮台,一座在乌特利支圆堡南端,两座在其东侧,并配置了 28 门巨炮;还挖了许多壕沟,既可供兵士隐蔽自己,又可以控制荷军的炮台。乌特利支圆堡,是热兰遮城周围的外堡之一,坐落于热兰遮城南侧一个小山头上。该堡位置险要,是控制热兰遮城的锁钥。荷兰人认为,该堡一旦被郑军占领,"热兰遮城(即台湾城)也必将失陷"。所以,荷军拼命以密集火力阻止郑军在其周围构

建炮台。但是，郑军不惜一切物力和兵力，冒着敌人的炮火在乌特利支堡周围建起了三座炮台和很多工事，从而为向热兰遮城发起总攻创造了条件。

郑成功在一鲲身坐镇指挥。十二月初六（公元1662年1月25日）清晨，郑成功下令向热兰遮城发起总攻，并集中火力向乌特利支圆堡开炮。在两个小时内，郑军发射炮弹2500发，在该堡南侧打开了一个小缺口，继而万炮齐轰，终于夺占了该堡及其附近的小山头。守军死伤惨重，剩下的几个士兵抱头鼠窜，逃入城内。郑军立即在圆堡及山上筑起炮垒，居高临下，向热兰遮城市区轰击。顿时，整个热兰遮上空浓烟滚滚，火焰冲天。同时，郑军抓紧空隙时间修筑工事，战壕可直达格德兰突出部和城内荷军的工事网。马信认为："城内敌炮渐少，说明火药将尽，宜加紧攻城。"萧拱宸认为："城内缺粮，尚未缺水。如若探明水源，切断水道，敌人当难以支持下去。"周全斌马上说："此事已经探明，城内无有水源，只有水沟，沟与护城河相通。护城河的水源在何处尚待查明。"郑成功同意萧拱宸的意见，他说："为爱惜将士和城内的百姓，尽量不硬攻。我看萧参军言之有理，可尽快查明水源，切断水道。"

诸将听了郑成功的一番分析认为水源已成为荷军的生命线，于是，在当地台湾同胞的帮助下，周全斌踏遍大小山丘，终于查清城内水源系来自鲲身山。

于是，郑成功立即令其把该水道截断。不几天，护城河干涸了，城内缺粮又断水，到处一片慌乱。荷方兵民，像热锅里的蚂蚁，一天也呆不下去了。

在守城荷方军民处于危急的情况下，郑成功为给城内守军一条生路，派李仲入城劝降。李仲对揆一说："此地非尔所有，乃前太师练兵之所。今藩主前来，是复其故土。此处离尔国遥远，

安能久乎？藩主动柔远之念，不忍加害，开尔一面：凡仓库不许擅动；其余尔等珍宝、珠、银、私积，悉听载归。如若执迷不悟，明日环山海，悉用油、薪、磺、柴积垒齐攻。船毁城破，悔之莫及。"

揆一立即召开紧急会议，讨论如何挽救危运。揆一哀叹道："当前我方的形势极端危迫。"他对所有到会的荷兰人说：目前已无路可走，要么就向国姓爷进行一次勇敢的决死的总攻击，要么就坐以待毙，要么就在最有利的条件下把城堡交出去。参加讨论会的 29 人，只有伊伯伦等四人赞成出击，理由是"这样大家可以死在一处，免得受处分"；而绝大多数人认为，"当前形势已经绝望，已经注定是要失败了"，"如果继续战斗下去，可怕的命运将降临到每一个人头上。"最后，一致决定：由"评议会"同国姓爷谈判，必要时"可以献出热兰遮城"。于是，"评议会"立即回信郑成功，要求双方立刻停火，进行协商。实际上，荷兰当局已作好了献城投降的准备。

揆一献城投降

郑成功接到揆一"愿置兵约降，请乞归国"的复信后，立即下令停火。荷兰"评议会"派出樊·伊伯伦和奥特·彼克等三人为求降代表，到郑成功行营接受投降条件。郑成功提出，只要荷兰殖民者愿意投降，他们可以带走自己的财产和携带必要的弹药、武器等物品。经过五六天的协商，达成 18 条协议，并进行草签。

永历十五年（顺治十八年）十二月十三日，即 1662 年 2 月 1 日，在郑成功行营举行了受降仪式。年方 38 岁的郑成功，坐在帐幕正中。左右两侧站立着全副武装的卫士，庄严肃穆。成千上万

的台湾同胞，包括汉族和高山族等各族同胞，像潮水般涌向广场。欢呼胜利的声浪响彻云霄。

揆一，代表荷兰政府驻台湾的最高长官，灰溜溜地步入郑成功帐中。有几个残兵败将，跟跟跄跄地跟在他的后边，过去那种傲视一切的神气不见了。这位当时被认为是西方强国的荷兰殖民者的最高头目揆一，恭恭敬敬地走到郑成功面前，按照西方礼节，脱帽鞠躬，双手献上了降表。其主要内容如下：

1. 双方停止一切敌对行动，允许荷兰人投降。

2. 荷方立即将热兰遮城及所有城堡、大炮，所有军用物资、商品、现金及其他属于公司的财产，全部移交中方。

3. 允许荷方携带归返巴达维亚途中所需的大米、面粉、肉类、油、帆布、绳索、柏油等食品及其他物品。

4. 荷方人员的私人财产，应先经国姓爷代表检查批准，然后才能装运上船。

5. 除上述物品外，中方特许荷方"评议会"28名"评议员"每人随身携带现金200银元，另外准许20名特定公民一共携带1000银元。

6. 荷兰士兵离开台湾城时，经中方检查后允其扬旗、鸣炮、荷枪、击鼓，可列队上船。

7. 荷方所有对中国人的一切债权、债务，准将其账簿原封不动地移交给国姓爷殿下。

8. 所有荷方在台湾之档案、文书，可以运往巴达维亚。

9. 中国方面同意在8～10日内释放拘禁在台湾的荷兰战俘；拘禁在中国内地的荷方战俘，也尽早释放；未受拘禁的荷兰人员，可以发给通行证。

10. 国姓爷可将俘获之四艘小艇及其附属物品，发还荷人。

ZHONGWAIZHANZHENGCHUANQICONGSHU

揆一献城投降

11. 国姓爷可拨出一部分船只，运载公司人员及其财货，协助其回国。

12. 荷方人员返国前，中国可以按正常价格供应其所需要的蔬菜、油类及其他日常生活用品。

13. 荷方人员返回候船期间，郑军士兵未经国姓爷批准，不得进入其城堡，以免互相产生误会。

14. 荷方人员全部撤出城堡之前，城堡上方只准悬挂白色旗帜。

15. 荷方人员及财物装上船后，仓库管理人员不应立即离开城堡，应停留二、三日后再行离开。

16. 本条约签字、盖章、宣誓后，双方各依本国习惯互留人质，并停留在指定地点，直至本条约各条都执行完毕为止。

17. 荷方首先释放在城堡内和船上的中国战俘，以交换郑军所俘获之荷方军民。

18. 本条约中如有发生疑义或有重要未尽事项，一方提出后，应由双方共同协商解决之。

在受降仪式上，郑成功表现了坚定的原则立场和严肃、宽容的政治态度。他一面强调，侵略者必须投降，军队必须撤离，侵占的中国领土必须归还；另一方面，对放下武器、愿意投降的荷兰人采取宽大政策，给予生路。这种仁厚态度表达了中华民族爱好和平的大国风度。

按照条约规定，荷兰交出所有城堡和占据的全部中国土地，交出武器、物资，包括大炮150门，火铳4000支，价值47.1万荷盾的现金珠宝。在此次战役中，荷方士兵共死1600多人，剩余几百名官兵和商人等，由揆一带回巴达维亚。

揆一回去后，被东印度公司判处终身监禁，流放班达岛，12

荷兰殖民者的投降书

年后被释出狱，1674 年回荷兰后，以 C.E.S 之名，为洗刷自己撰写了《被忽视的福摩萨》一书。书中透露了他所经历的一些史实。

　　1662 年 2 月 1 日，是永远值得纪念的具有伟大历史意义的日子。这一天，是中国人民扬眉吐气、挺直腰背的日子，是外国侵略者在中国人民面前低头认输、屈服投降的日子。这一天，霸占台湾 38 年的荷兰侵略者滚出了台湾，宝岛重新回到了伟大祖国的怀抱。

十八、建设台湾，保卫台湾

在赤嵌城的荷兰侵略者描难实叮投降和海、陆各战场取得决定性胜利以后，郑成功便一面加紧围攻殖民者最后一个堡垒热兰遮城，一面不失时机地开始了在台湾的政权建设和经济建设。

永历十五年（顺治十八年，公元 1661）五月，在郑军完成对热兰遮城的围困部署后，郑成功就开始对台湾实行有效的行政管理：将台湾的行政区划划分为一府二县：即改赤嵌地方（包括赤嵌城、赤嵌街及台江对岸尚未攻克的热兰遮城、台湾街等地）为承天府，后来改为台湾府（今台南市），下设天兴（今嘉义）、万年（今凤山）二县，任命杨朝栋为府尹，祝文烈、祝敬为知县，并责成杨朝栋等清查田园、户籍，征纳赋税。为了纪念郑成功当初起兵福建安平之举，还将热兰遮城取名安平镇；另于澎湖设安抚司。同时，还下令，同意闽、浙、粤沿海流离失所的居民人台居住；又陆续将官兵眷属迁往台湾。二者合起来达 20 多万人。郑成功建立了行政机构的统一管理，又将大批人员迁往台湾，这为开发、建设和保卫台湾创造了条件。从此开始，一个传承着中华文明的台湾，像一颗璀璨的明珠，在东南沿海奕奕闪耀。

寓兵于农，兵众粮足

在收复台湾作战乃至远及抗清作战的近20年间，郑成功所面对的最突出最紧迫的就是粮食问题。郑军登陆台湾后，郑成功曾多次亲自深入乡社，调查和解决军粮供应问题。荷兰人被赶跑了，台湾又是"沃野千里"之地，所以要稳定军心民心，保证作战的胜利，改善百姓生活，取得台湾同胞的拥护，他首先抓住了农业生产这个关键。

郑成功到台湾继设府县、置官之后，抓的第二件大事，就是召开军垦会议，研究农业生产问题。他讲话说："大凡治家治国，以食为先。苟家无食，虽亲如父子夫妇，亦难以和；苟国无食，虽有忠诚爱国之士，亦难以治。"他说，台湾土地肥沃，自然条件很好，如果仿效古代"寓兵于农"之法，军粮问题就不难解决。应先做到"兵多粮足"，再根据形势，决定进取。黄安等将领提出，如果说我们带兵打仗、舞刀弄枪不外行，则对"寓兵于农"还不甚了解。郑成功从古代"井田制"时的兵民合一到废井田而兵民专一的历史，从军队垦田自供到汉唐以来军队吃皇粮的利弊，仔仔细细地讲了一番。他特别结合战争史，讲到诸葛亮在斜谷地方进行屯垦，司马懿在淮南、姜维在汉中、杜预在襄阳，边打仗边屯种，都有效地解决了士兵饿肚皮的问题，因而也就为打胜仗创造了条件。所有这些，都是"寓兵于农"之法取得成功的例证。经过讨论，郑成功要求全军将士要做到"农隙则训以武事，有警则荷戈以战，无警则负耒以耕"，真正按"寓兵于农"之法，发展台湾的农业。

郑成功还结合当时郑军的处境，进一步讲述了实行"寓兵于农"的必要性和具体方法。他说："今台湾乃开创之地，虽僻处

ZHONGWAIZHANZHENGCHUANQICONGSHU

海崖，安敢忘战？"所以，要把部队分散开去，发展生产，只留下少数警卫部队守卫安平镇、承天府两个地方就行了，其余诸镇，都要分到一份土地，开荒生产。平时，每10人中抽出1人负责警戒，9人耕种田地，互相轮流更换。在各镇土地之间，可栽上竹子作为界限，搭起茅草房进行居住，把生牛也训练得它能犁地，那就必然会出现野无荒地、而兵众粮足的景象。马信等将领听后，口服心服，茅塞顿开，认为郑成功这个主意很好，能解决军队面临的实际问题，赞之为"万世良法"，表示坚决遵行。

为了便于贯彻执行，郑成功还于永历十五年（顺治十八年，公元1661年）五月十八日颁布了八条细则：

（一）承天府安平镇，本藩暂建都于此，文武各官及总镇大小将领家眷，暂住于此。随人多少，圈地永为世业，以佃、以渔及经商，取一时之利，但不许混圈土民及百姓现耕田地。

（二）各处地方或田或地，文武各官随意选择，创置庄屋，尽其力量，永为世业，但不许纷争及混圈土民及百姓现耕田地。

（三）本藩阅览形胜建都之处，文武各官及总镇大小将领设立衙门，亦准圈地，创置庄屋，永为世业，但不准混圈土民及百姓现耕田地。

（四）文武各官圈地之处，所有山林陂池，具图来献；本藩薄定赋税，便属其人掌管，须自照管爱惜，不可斧斤不时，竭泽而渔，庶后来永享无疆之利。

（五）各镇及大小将领官兵派拨汛地，准就彼处择地起盖房屋，开辟田地，尽其力量，永为世业，以佃、以渔及经商，但不允混圈土民及百姓现耕田地。

（六）各镇及大小将领派拨汛地，其处有山林陂池，具启报闻，本藩即行给赏，须自照管爱惜，不可斧斤不时，竭泽而渔，

庶后来永享无疆之利。

（七）沿海各澳，除现在有网位、罟位，本藩委官征税外，其余分与文武各官及总镇大小将领前去照管，不许混取，候定赋税。

（八）文武各官开垦田地，必先赴本藩报明亩数，而后开垦。至于百姓，必开明数报明承天府，方准开垦。如有先垦而报及报少而垦多者，察出定将田地没官。仍行从重究处。

在这八条细则中，郑成功特别强调的是："不准混圈土民（指高山族同胞）及百姓现耕田地"，即不得损害高山族同胞的利益；文武各官圈地要"具图来献，薄定赋税"，即都必须纳税；"以遗子孙，永世为业"，就是说不是权宜之计，而是立国的根本。郑成功逝世后，其子郑经到台湾后，继续执行"寓兵于农"的政策。

六月，郑成功又令各镇按划分地区进驻屯垦：左先锋扎北路新港仔（今台南新市乡）、竹堑（今新竹市），援剿后镇、后冲镇，扎大肚（今台中县大肚乡，后移南社，即今南投县崙背乡），左卫、前卫、游兵等镇扎南路凤山（今高雄市凤山乡）、观音山（今高雄市仁武乡）。屯垦各方将各给六个月的俸银，以作开垦之用。历经郑成功、郑经、郑克塽三世，屯垦地区多达40多处，且多以军队编制名称命名。例如，参军庄、左镇庄、中营庄、林凤营、王军营等，前后都冠以各镇主将的名字，有的冠以镇、营的名称。这都是郑成功推行屯垦政策的标志，它记载着郑成功开发台湾的历史功绩。

"寓兵于农"之法，收到了兵强马壮、粮食充足的效果。到公元1665年（康熙四年）台湾出现了栽种五谷，蓄积粮糗，插蔗煮糖，广备兴贩和"大丰熟，民亦殷足"的繁荣景象。用粮有

ZHONGWAIZHANZHENGCHUANQICONGSHU

建设台湾

粮，用兵有兵。

除军屯外，还有民垦、私垦等，都对开发台湾、发展农业生产起了很大作用。

在开发台湾、发展台湾农业生产时，郑成功特别关心高山族同胞。永历十五年（顺治十八年，公元1661年）四月，他同户都事杨英一起到汶港及新港、目加溜湾、肖垅、蔴豆等四社考察，特意了解高山族人民的风俗。八月，郑成功又令杨英到南社了解当年农业生产情景。杨英看到稻田一片金黄，甚是喜人。可是在收获时，高山族同胞一穗一穗地掐取，没有镰刀，秋收一甲（折合0.8公顷）稻田，需几十天的功夫；耕地也不知使用耕牛和犁耙。

杨英回到承天府，向郑成功报告了他在民间看到的情况，郑成功听后感到需用汉族先进的农业技术帮助他们。于是决定：每社派从大陆来的汉族农民一人，发给铁犁、耙、锄、镰各一副，熟牛（耕过田的牛）一头，"使教驾牛犁耙之法，播种五谷割获之方，聚教群习"。结果，受到高山族同胞的欢迎，耕作技术大大提高，促进了当地农业生产的大发展。

兴修水利，开设文教

为了配合垦殖，郑成功父子在推行"寓兵于农"、垦荒种植的同时，又大力兴修水利事业。在八条垦殖条款中，郑成功提出："文武各官圈地之处，所有山林陂池，具图来献。本藩薄定赋税，便属其人掌管，须自照管爱惜，不可斧斤不时，竭泽而渔，庶后来永享无疆之利。"强调为了年年丰收，永享幸福，必须注意保护好原有的水渠、池塘，并支持和鼓励兴修新的水利设施。

ZHONGWAIZHANZHENGCHUANQICONGSHU

台湾岛东高西低，雨季时水流湍急，流到西部平原时往往泥沙俱下，泛滥成灾；一到旱季，便又河流干涸，旱情严重。因此，要发展农业生产，水利设施十分重要。高山族同胞原来只从事"刀耕火种"的生产，几乎没有什么水利设施。荷兰殖民者统治时期，虽搞过一些，但只有荷兰坡、参若坡等二三处。郑成功收复台湾后，感到这是关系到农业生产的大问题，必须采取切实可行的措施，予以解决。据不完全统计，没用几年，就兴修各种水利设施20多处。其中在台湾县的有公爷陂等4处，在凤山县的有三镇陂等16处。据考证，台南县的草潭、白衣潭、公爷陂，就是在郑成功和郑经的亲自主持下并亲自动手修建成的。

郑氏政权兴修的水利设施种类很多，有潭、陂、湖、港、坑等，都是根据地势、水源、流向修筑而成。《凤山县志》中称：邑治田土多乏水源，淋雨则溢，旱则涸，故相度地势之下者，筑堤堵水，或截溪流，均名曰"陂"；至于地势低下、低洼积水，有泉不竭，而不甚广者曰"潭"、曰"湖"；有源而长者曰"港"、曰"坑"。正是由于这些水利设施的修筑，才大大扩大了耕地面积，特别是增加了水田面积，保障了水稻等作物连年丰收，满足了军民的粮食需求，促使台湾的农业有了较大的发展。

除农田水利事业之外，郑成功还很重视台湾的文化教育等各项事业。他委托陈永华辅佐儿子郑经办好这些事业。郑成功去世之后，郑经又委托陈永华以勇卫之职，掌管台湾政事。陈永华秉承郑氏父子的意愿，除大力抓农业、贸易、煮盐等经济建设外，还建立孔庙，设立科举，兴办学校，大力发展社会教育事业。孔庙落成，旁设"明伦堂"，将祖国几千年的传统文化传播到台湾；又广辟学校，聘请大陆过去的有文化的人做老师，收授学生。据《台湾外记》中记载，当时规定："两州三年两试，照科岁例开试。儒童州试有名送府，府试有名送院，院试进取，充入太学。

准仍按月月课，三年取中试者，补之官内都事擢用升转。"陈永华为学院的教育长、太学的院长，叶亨为国子监助教（相当于太学的副院长）。于是，大陆的科举、考试制度也带到台湾。

郑成功尤为重视台湾高山族同胞的文化教育，提出在高山族同胞各乡社也遍设学校，请汉族有知识的人去教学。8岁可入学，"课以经史文章"。又规定，高山族子弟入校读书的，可免其徭役，以鼓励他们读书学文化。

在郑成功的重视、倡导下，经过两代人的努力，台湾文化的蒙昧、停滞、落后的状态得到改变，殖民文化的影响得以铲除，教育事业蓬勃地发展起来。

发展贸易，繁荣商业

郑成功非常重视发展海上贸易。他父亲郑芝龙是明清之际东南沿海"富冠闽中"的著名海商集团的头目。郑成功看得很清楚，正是由于他父亲长期与国内许多商埠有着密切联系，同时对海外的贸易也很活跃，所以，郑军的粮饷供应和当地百姓的生活才有了保证。因此，早在唐王朱聿键称帝时（公元1645年），他就有"航船合攻，通洋裕国"的建议。后来，郑成功在给他父亲的信中又有"兴贩外洋，以裕军饷"的提法。当时，闽浙交界的沙埕港，就是郑成功与大陆各地私商贸易的重要基地。正是由于郑成功重视发展贸易，才使郑军的军饷有了保证，才使郑军接连打胜仗有了保证。

收复台湾以后，郑成功采取了许多有力措施，扩大和发展与祖国内地乃至与日本、东南亚各国之间的贸易。郑成功打破了清政府实行的"迁海"政策，继续保持与沿海各地间的贸易往来。他对居住在台湾的日本商人以礼相待，在关税、贸易商品范围等

ZHONGWAIZHANZHENGCHUANQICONGSHU

方面，尽量照顾他们的利益，保持友好往来。因东南亚是西方国家海上贸易竞争最激烈的地区之一，使台湾的贸易受到一定影响，但郑成功却巧妙地与其进行针锋相对的斗争。居住在吕宋的华侨，对当地的开发及与台湾的商业贸易有不可低估的贡献。然而菲律宾当局和西班牙殖民者却十分忌恨他们，对他们进行无端的杀害。郑成功到台湾后，为拓展对外贸易，保护华人权益，曾致书菲律宾总督，责其"凌迫我商船"的行为，希望当局"遣使前来乞商贸易条款"，告知"我商民至你邦贸易"的情况，并派神父利支西阿前去办理此事。然而，西班牙殖民者和菲律宾当局继续对华人滥杀无辜，不少华人不得不逃到台湾。郑成功得知消息后，十分气愤，原打算出兵南洋讨伐西班牙殖民者，但因已重病在身，未能成行。

郑经秉承父志，更大规模、更广泛地发展海上贸易，繁荣台湾经济。他首先还是把重点放在开展与内地之间的贸易。陈永华向郑经建议说："诸岛沿边迁移，业已三载，清朝亦知我们株守而无西意，然台湾远隔汪洋，货物难周，以致兴贩维艰。当今一旅驻扎厦门，勿得骚扰沿边百姓，善与内地边将交易，便可接济。"郑经接受他的建议，派镇海太武山的江胜，率一镇兵马常驻厦门，专门负责台湾与内地之间的商业贸易。当时，从内地采购的船料、衣帛，除满足台湾之用外，还可贩卖到东南亚各国。

郑氏三代与之从事海外贸易最多的是日本及暹罗、吕宋等国。同时，还与葡萄牙、西班牙、英国等西方发达的资本主义国家进行贸易往来。台湾出口的物资有鹿皮、鹿脯、蔗糖等，特别是蔗糖和大米，每年出口达 150 万吨，比荷兰殖民者统治时期增加了 4 倍。台湾当时成为中国内地与西方和东南亚各国贸易的中转站，"凡中国各种货物，海外皆仰资郑氏，于是通洋之利惟郑氏独操之，财用盖饶"。当时，内地的厦门港和台湾的安平港，

既是郑军的军事基地，也是国内和东西洋海上交通和贸易的大商港。

郑氏政权的对外通商贸易，同在内地时一样，成为郑氏财政收入的主要来源，也是其赖以生存和发展的基础。

招贤惩贪，整治邑吏

从抗清斗争到收复台湾，郑成功一向重视选用优秀人才。他用人的一条基本原则，就是"唯才是举"，不任人唯亲，在郑成功周围，虽有八方来客，但只有有德有才之士，才能得到重用。如杨英、陈永华、何斌、冯澄世、马信、周全斌等等。他们不仅在作战中按照各自不同的分工担当过大任，而且在收复台湾之后于开发和建设台湾时也都是栋梁。杨英一直负责军事后勤供应工作，他无时无刻都在想方设法筹集粮饷，从而保障了作战的胜利；收复台湾后，他又深入乡社调查民情、社情，为发展台湾的农业生产提出了许多行之有效的建议，并且都被郑成功采纳，使台湾的农业生产发生了巨大的变革。

参军陈永华是一位遇事果断，有能力的知识分子。郑成功一直把他当作自己的亲密伙伴，而他自己自始至终也忠心耿耿，参赞军务，成为郑成功最得力最信得过的参谋长。几乎所有大小战事，郑成功都请陈永华一起谋划。收复台湾之后，郑成功委托陈永华总揽台湾政事，陈永华亦随其"亲历南北各社，相度地势"，组织农田建设和练兵习武。不久，台湾出现了"一岁三熟，衣食丰足"的繁荣景象和"人皆有勇知方，先公而后私"的良好社会风气。郑成功还委托陈永华辅佐儿子郑经治理台湾。陈永华一片忠心，从不辜负郑氏父子的期望和重托，用全力将台湾的农业、商贸、文化教育等各项事业搞好，使台湾进一步繁荣和昌盛。

郑成功对马信的军事才能可谓发现及时、运用得手。马信在收复台湾的各次重大战役、战斗中，身先士卒，带领部属与侵略军作战，几次受重伤，但他仍旧坚持战斗，不下火线。郑军对荷军海上堡垒热兰遮的围攻和攻克，主要由马信临阵指挥而取得决战的胜利。收复台湾后，为防日本和荷兰等国家的再次入侵，又派马信去守军事要地鸡笼（今基隆市），保证了台湾北部的安全。

在郑成功收复台湾的过程中，何斌是一位具有突出贡献的特殊人物。他从郑芝龙时期就是郑家信得过的故旧，是长期受命潜伏在荷兰侵略者头目揆一身边的重要人物。他不仅在郑军的发展壮大过程中积极筹粮备饷，收复台湾后他又因熟悉台情、民俗而在开发建设台湾时发挥了重要作用。更重要的是，他还是一个称职的情报专家。他测量绘制的台湾军事地图和最早提出收复台湾的建议，对郑成功作出收复台湾的战略决策，起了不可估量的作用。在收复台湾的作战过程中，他又亲自做向导，引导郑军舰队渡海、入港、登陆、攻城；在郑成功向揆一、描难实叮劝降时，因为他熟悉荷方的内情，所以积极传递信件，参与谈判，对于促成收复台湾的早日实现，发挥了极其重要的作用。他长期潜伏在荷兰头目揆一身边而丝毫不露端倪，真称得上是"身在曹营心在汉"的伟大爱国者。

再如举人冯澄世，有修造战船、打造武器的知识和技能。他在任参军时对部队的武器装备就很关心。郑成功用其所长，委任他为工官，专门负责管理部队的武器装备和思明州（厦门）军事工程的营建工作，对保证部队的战斗力和厦门根据地的巩固起了很大的作用。

郑成功慧眼识人才并爱护重用人才，这是他的过人之处，也是他事业成功的一个根本因素。郑成功爱兵如子，但对贪官则痛心疾首。他对一些贪污腐败分子，不管他们原来功劳多大，概不

迁就，一律严惩。宣毅左镇吴豪，在郑成功召集诸将讨论东征台湾时，他每次都大放厥词，极力反对，干扰郑成功的战略决策。郑军登陆台湾后，刚刚取得初步胜利，军民正忙着准备与敌展开决战之时，吴豪又犯下"搜掠台湾百姓银两，盗匿粟石"之罪。虎卫右镇陈蟒也有贪污行为，犯纪违法。郑成功经过调查确认属实，便召集文武官员讨论，继而召开宣判大会，判处吴豪死刑，并撤职查办了陈蟒。

　　杨朝栋是继甘辉之后，被郑成功比较宠信的将领之一。他有勇有谋，文武双全，因此才让他当上了第一任承天府府尹，主持台湾政事。但是，他知法犯法，伙同知县祝敬和斗给（粮秣官）徇私舞弊，克扣军粮；还私自征调军民，大兴土木，营造官邸，以满足其个人享受。郑成功知道后，十分气愤，马上派人调查了解。经查属实，杨朝栋、祝敬二人罪证确凿，决心将他们二人判处死刑。马信是杨朝栋的挚友，他为杨朝栋干出这类丑事而惋惜，但又看在其立过大功的分上，还是硬着头皮出面为他求情。马信说："藩主，杨朝栋是有功之臣，如今又担任承天府尹这样的重任，是您不可缺少的好帮手。再说，台湾为新辟荒土，官兵缺少粮食，疾病流行，朝栋在放粮时动点小的手脚，也可说是身不由己的做法。望藩主给我马信一点面子，对他进行宽大处理吧！"郑成功十分严厉地说："处决杨朝栋，我也于心不忍。但法出必行，违法必究。如执法不严，于国于民何益？古时子产治政，孔明治蜀，皆以严法为明鉴。我们逐荷夷、辟草莱，不以严法治杨朝栋之罪，怎能让军民口服心服。我决心已下，泰山难移，你不必再为他多费口舌。"马信一看，毫无挽回余地，也就不好再多言语。最后，还是判处杨朝栋死刑，祝敬坐牢，陈伍撤职。

　　郑成功严惩贪污，以重刑处罚犯罪，提倡廉洁奉公，遵纪守

ZHONGWAIZHANZHENGCHUANQICONGSHU

法，对犯罪分子是很大的震动，对老百姓是深刻的教育，因而得到广大汉族百姓和高山族同胞的衷心拥护。经过整治，在台湾出现了清明廉政和"百货露积，无敢盗者""民亦守法奉公，上下辑睦，奸宄不生"的良好社会风气。

关心爱护高山族同胞

郑成功收复台湾后，十分关心和爱护广大高山族同胞。在刚刚收复赤嵌城不久，郑成功就前往蚊港（今云林县西）"相度地势，并观四社土民向背如何"，进行安抚和保护工作。有个故事，说郑成功到那里以后，高山族同胞酒食壶浆、夹道欢迎。在此盛况之下，有个分社社长让四个健壮青年端四个盘子出来。四个盘子内分别盛放着金子、银子、草种和泥土，让郑成功接受。郑成功一看，心里马上明白内中的深意。于是，他恭恭敬敬地走上前去，用双手捧起装泥土和草种的盘子。然后，他向诸位社长和高山族同胞深深鞠了一躬，然后讲道："成功来台，只为收复中华故土，解救山民同胞，非为金银财宝。"诸位社长和山民们听后十分感动，便打消了一切疑虑，与郑成功亲切地交谈起来。郑成功又设宴慰问高山族同胞，并将特意带去的大陆服装袍、帽、靴等衣物赠送给山民首领。于是，"南北路土社闻风归附者接踵而至"。从此，整个台湾"土社悉平，怀服"。对此，连荷兰殖民者也不得不承认："好些居住在山区和平原的居民及其长者，还有几乎所有住在南部的居民，都投降了国姓爷。"

公元1661年初，郑成功还带着何斌等文武官将，亲自到原来反抗荷兰侵略者最激烈的新港、目加溜湾等地调查研究。各乡社高山族同胞排起长队，争相迎接到自己的乡社中。郑成功同他们一起吃饭、喝酒，畅谈民族团结，表达共同搞好生产的愿望，并

把从祖国大陆带去的农具、烟叶、布匹赠送给他们，因而受到热烈拥护。

郑成功最关心的是改变高山族同胞落后的生产方式，帮助他们提高生产技术。已跟随郑成功几十年的户都事杨英最了解郑成功的心事，也最能向郑成功反映山地同胞生产、生活情况，并提出建议。一次他到南社时正好赶上秋收季节，发现社民们还是用原始的"刀耕火种"方法。郑成功听他汇报后，立即批准了他的建议，不仅每社给他们配备了从大陆带去的各种农具，诸如犁耙、镰刀等，还派汉族农民分赴每个乡社去传授生产技术。结果，高山族同胞的耕种方法和生产效率都得到大大的提高，生活也随之发生了明显变化。

郑成功还制定了许多保护高山族同胞利益的政策、措施，诸如"不准混侵土民及百姓现耕物业"，"如有违越，法在必究"；严禁军队骚扰、侵犯高山族同胞的田产；如有个别军镇与高山族同胞发生冲突，即令军队及时调防，绝对"不准搅扰土社"。由于郑成功民族团结政策的实施，使广大高山族同胞对郑成功更加拥护和信任，各番社的生产、生活亦发生很大变化。

郑成功还很关心台湾人民的身体健康，组织部队的医生为台湾同胞治疗各种疾病。永历十六年（康熙元年，公元1662年）的夏天，蚊港一带发生流感，高山族同胞没有医生，只认为那是鬼神捉弄，所以往往用流行的"跳神"仪式驱赶病魔，避邪消灾。郑成功知道后，感到这种落后、愚昧的状态应当改变，于是马上派军中名医沈佺期前去为同胞们医病。沈佺期到后，只见男女老幼围着病人狂跳、喊叫，一时难以入手。沈佺期慢慢靠近紧抱着病人的老大妈，并劝慰说："不要着急，我想办法救救这孩子。"老大妈惊诧不已，经盘问知道是郑成功派来的人，才把沈中医领进屋内。那年轻英俊的小伙子躺在病榻上呻吟，两眼紧闭。经沈

ZHONGWAIZHANZHENGCHUANQICONGSHU

关心爱护高山族同胞

伕期诊断，患的是重感冒，便立即给他下药。不大一会，高烧消退，病情开始好转。老大妈高兴地说："你是不是活神仙？"沈伕期说："我不是什么神仙，而是国姓爷派来的医生。"从此，沈伕期这个名字便在高山族同胞中传开了。后来，沈伕期还收了很多高山族徒弟，向他们传授医术。

安不忘危，备战御敌

郑成功收复台湾，建立了奉明正朔的郑氏政权，并采取了开发和建设台湾的一系列政策和措施，使台湾的经济文化出现了欣欣向荣的景象。老将军洪旭高兴地说："将来之昌盛，可指日而待也。"郑成功逝世后，他向郑经提出建议说："有文事必有武备，二者缺一不可，要居安思危。"郑经接受他的建议，加大了垦田部队农闲时练习武艺弓矢、操演阵法的力度，强调军队要有安不忘危、备战御敌的思想。同时，还要组织部队进山采办木料，修造战船；治理港湾，修筑码头；从国外进口铜、铅、硫磺等原料，制造盔甲、铳炮等，以提高部队的作战能力。

郑成功收复台湾后，取得了短暂的和平稳定，但荷兰殖民者不甘心失败，企图卷土重来；同时，侧背受到大陆清王朝的武力威胁。因此，同时受到这两个敌人夹击的可能性，一直存在着。

公元1662年7月，荷兰东印度公司派海军司令波尔特率舰队突然闯入闽江口，声称"前来协助大清国征剿郑逆"，企图联合清军攻击郑军。清靖南王耿继茂、总督李率泰对郑军的策略仍着重在劝降上，同时对荷兰殖民者也存有戒心，因而波尔特不得不失望而归。次年7月，波尔特又率领战舰16艘、士兵2600多名，企图先与清军联合攻下金、厦，然后再独占台湾，并取得在华贸易特权。这时，清军因与郑军议和失败，同意与荷军联兵进攻

ZHONGWAIZHANZHENGCHUANQICONGSHU

金、厦。11月，清荷联军分三路进攻郑军，郑经率周全斌等将领英勇抵抗，其中泉州一路将清荷联军打得大败；而同安、海澄两路郑军，因寡不敌众，遂放弃金门、厦门，退守铜山。因清军未答应与荷军合师攻台，荷军又一次悻然返回巴达维亚去了。直到公元1683年康熙统一台湾，荷兰侵略者"联兵攻郑"、重占台湾的妄想，一直没有得逞。

十九、功垂青史，永世怀念

台湾全岛一片哀痛

永历十六年（康熙元年，公元 1662 年）五月初一，正当收复台湾不久，郑成功率全军和所有赴台人员以及台湾同胞开发、建设台湾的壮举刚刚起步，他自己却因积劳成疾，感染风寒，而患上了重病。恰在此时，一连串的精神打击，又接踵而来，使这位饱经风霜的民族英雄在精神和肉体上遭到难以承受的打击。

首先是清朝政府在沿海各地推行残酷的"迁海"政策。在对郑成功的武力进攻和招降皆告失败后，清政府又采纳了郑军降将黄梧"平海五策"的建议，将沿海居民迁入内地，设立边界，布置防守，烧毁沿海船只；严令寸板不许下海。接着，清廷又正式颁布"迁海"政策，派户部尚书苏纳海到福建督查迁界，筑台立栅，逾界者指为"透越"，立斩不赦。此政策施及所有沿海各省，北至辽东，南至广东，一切居民都要内迁 15 千米，强令烧掉原来的庄舍和财物，树木皆伐光，田地抛荒不准耕种。人民生活困苦，妇女儿童啼哭不止，流民遍地，饿死者过半，惨不忍睹。与此同时，在福建掘了郑成功的祖坟，抛露骸骨；在北京，又将郑

芝龙及其眷属共 11 人全部杀掉。郑成功听到这些消息，心如刀绞，悒郁难抑。

第二，南明最后一个流亡政权彻底覆灭。永历十五年（顺治十八年，公元 1662 年）十二月，永历皇帝朱由榔被缅甸人执送清军后，不久押至昆明。次年四月，被吴三桂用弓弦绞杀，其幼子及官将 40 多人皆不得免，永历政权灭亡。消息传来，马信请求郑成功说："皇上既已遭难，理应挂孝去朔（指不再遵奉永历年号）。"但郑成功一直不承认此消息的真实性，总是以路途遥远，传说不可信来安慰自己。不几天，永历朝兵部司马林英专门前来禀报，才不得不信。这一不幸事件又使郑成功悲愤交加。

第三，南洋华侨惨遭杀害，使郑成功忧心如焚。在吕宋（今菲律宾）的华侨遭受非人的待遇，郑成功早有所闻，只因复台事业未完成，没来得及过问。收复台湾后，郑成功立即招谕吕宋统治者，致信谈判通商和保护华人利益。不料，吕宋的西班牙殖民者竟制造了大肆屠杀中国人的惨案，这使心里惦念着整个中华民族的郑成功更加难过。他几次想率兵前去征剿，因身患重病，经诸将再三劝阻才未成行。

第四，个别部将拥兵自重，不听招呼，有闹独立、闹分裂的势头，使郑成功陷于极大的痛苦之中。收复台湾后，为严肃军纪，加强法制，果断斩杀了吴豪、杨朝栋诸将，继而又有留守金、厦的户官郑泰、忠振伯洪旭、前提督黄廷等，因贪恋金、厦两岛的通洋巨利和舒适生活，几次令他们赴台都不见行动。恰逢此时，世子郑经又犯了死罪，郑成功派周全斌前往处理。不料，这些守将竟伙同郑经公开抵制郑成功的命令，发动政变，将郑成功自台湾派回金、厦执法的周全斌等将领也扣留起来。同时，在台湾的郑成功之弟郑世袭也以武力与金、厦对峙。于此种种，使郑成功更加失望。

　　永历皇帝惨死，父亲及家人被杀，儿子又拥兵叛父，部将不和，这一切使郑成功悲愤交加，病情急剧恶化。在这最后的时刻，他仍时常关心着台湾的垦田和乡亲们的生产生活，盼望着金、厦方面的消息。他抱病与黄安一起登上将台，用望远镜遥望祖国大陆，但仍未见一帆前来。去世的前几天，他穿上朝服，面北而拜，自叹道："自国家飘零以来，枕戈泣血，十有七年，进退无踞，罪案日增。今又屏迹避荒，遽捐人世，忠孝两亏，死不瞑目。天乎！天乎！何使孤臣至于此极？吾又有何面目见先帝于地下乎！"说罢，一代英豪郑成功便忿恚的与世长辞了。时为永历十六年（康熙元年，公元1662年）五月初八（6月23日），享年39岁。后由郑经继嗣，主台湾政事。

　　郑成功的逝世，使整个台湾岛沉浸在巨大的悲痛之中。全岛的汉族人民、高山族同胞和其他各族人民，都在为这位台湾的开山圣王、中华民族的民族英雄哀悼。早在郑成功病重时，各族同胞前去探望的就络绎不绝。郑成功逝世后，从文武官员到普通兵士，个个失声痛哭；父老百姓和高山族同胞也人人戴孝，哭声震天地。出于对这位英雄的骨肉深情，乡亲们把他比作"白马将军"，寄望着国姓爷身披盔甲，手执长矛，骑着雪白圣洁的战马，驰骋在祖国上空的蓝天白云之间，巡逻着祖国的大地和海洋。

丰功伟业永世不忘

　　郑成功驱逐荷兰侵略者，结束了其对台湾人民38年的殖民统治，使台湾重新回到祖国怀抱，捍卫了中国主权和领土的完整；同时，他也积极抗清，反对清军的野蛮屠杀，这就铸成了他不愧为中华民族民族英雄的历史地位。同时，他也称得上是一位著名的政治家、军事家。他为国家和民族立下了不朽的历史功勋。

ZHONGWAIZHANZHENGCHUANQICONGSHU

第一，郑成功驱逐荷夷、收复台湾的行动，是中国人民反对西方殖民者的第一次伟大胜利。明朝末年，统治阶级腐败无能，不能担负起保卫国家的职责，致使台湾被荷兰、西班牙殖民者所侵占。其后，南明政权立足不稳，朝不保夕，更顾及不到台湾问题。李自成领导的大顺农民起义军和张献忠领导的大西农民起义军，以及后来他们的余部，先是以推翻明朝的腐朽统治为目标，后又转为反抗清朝的民族压迫，也不可能考虑台湾问题。清军刚入主中原，正忙于征服各地的战争。这几股力量都不具备收复台湾的条件。而在海上起兵的郑成功，发扬了中华民族不甘屈服于外来侵略的斗争传统，以祖国大陆为后盾，在人民的支持下，终于驱逐了荷兰殖民主义者，使祖国神圣领土台湾回到了祖国的怀抱。

第二，郑成功收复台湾后，经过建立政权、整治法纪、实行军屯、推广先进生产技术等举措，保持了台湾的社会安定，促进了台湾的开发和建设，为清初台湾经济的恢复和发展创造了条件。在荷兰殖民者的统治下，台湾高山族、汉族人民受到残酷的压迫和剥削，严重束缚了生产力的发展。郑成功收复台湾后，在台湾建立政权，以赤嵌城为东都明京，设承天府，领天兴、万年二县，设官置守，并实行"寓兵于农"的政策，大兴屯田，将大陆先进的生产技术和封建生产关系引入台湾，促进了台湾社会经济、文化教育的全面发展。闽、粤、浙沿海居民移入台湾的骤然增多，直接促进了台湾的开发和建设，密切了台湾与祖国内地的关系，进一步繁荣了海上贸易。

第三，郑成功驱逐荷夷、收复台湾的成功，也是17世纪世界反抗殖民主义斗争的首次完全胜利，因而它大大鼓舞和支持了当时亚洲和世界各地人民的反殖民主义斗争。郑成功所打击的对象，是17世纪最强大的"标准的资本主义国家"。当时，荷兰的

丰功伟业　永世不忘

ZHONGWAIZHANZHENGCHUANQICONGSHU

船队总吨位数占世界的四分之三，比当时的英国船队还强大 10
倍。郑成功的功绩是在世界早期殖民体系中冲破了一个缺口，是
敢于斗争、敢于胜利的典范。当时拉丁美洲、非洲西岸的好望
角，亚洲的锡兰、马六甲、爪哇等地，都已沦为荷兰的殖民地，
而且这些地方的人民都爆发了不同程度的反荷斗争，但唯有郑成
功的驱荷斗争取得了完全的胜利。这在世界早期的反殖民主义斗
争史上是一次创举，因而大大鼓舞了亚洲及世界各地的反殖民主
义斗争。

第四，郑成功驱逐荷夷收复台湾，斩断了殖民者伸向东亚的
魔爪，减轻了清初东部疆域的外患，使祖国大陆及东南亚其他国
家和地区免遭荷兰殖民者的蹂躏。在郑成功刚刚收复台湾不久，
荷兰殖民者就打出"联清攻郑"的旗号，曾三次派舰队前来我国
福建沿海，同清朝地方官员进行接触，但清朝中央政府对贸易问
题一直未松口。结果，荷兰殖民者只好悻悻而去。公元 1683 年，
康熙统一台湾后，荷兰殖民者再也未敢前来问津，再也不敢越台
湾海峡雷池一步。

总之，郑成功驱逐荷兰殖民者、收复台湾的行动，代表了全
体中国人民维护祖国领土完整的意志，也代表了台湾的汉族人民
和高山族人民的利益，是世界早期反殖民主义斗争的首次完全
胜利。

英雄殊勋，永垂青史

郑成功反抗民族压迫、反对外来侵略的丰功伟绩，几百年来
一直受到全国人民特别是台湾人民的崇敬和怀念。他逝世不久，
人们在台湾县（今台南市）安东坊为郑成功修建了开山王庙，尊
称郑成功为"开山圣王"。每到郑成功生日（公历 8 月 27 日、农

历七月十四日），男女老幼携带着蔬菜、果品，前去祭拜。后来，人们又将他的棺椁由台湾移往他的祖籍福建省南安县，并建祠堂，每年春秋时节到那里举行祭奠。清朝两江总督沈葆桢为祠堂撰写了对联，上联是："开万古得未曾有之奇，洪荒留此山川，作遗民世界"；下联是："极一生无可如何之遇，缺憾还诸天地，是创格完人。"今人萧克将军亦有诗赞："孽子孤臣一片忠，凤凰飞舞应时雄；毁家抒难定盟典，大义灭亲诛至公。秣马厉兵同扫北，扬帆渡海敢征东；台澎收复教耕战，华夏千秋仰高风。"这都是对郑成功光辉的一生所作的恰如其分的评价。

其实，评价和讴歌郑成功的丰功伟绩，继承和发扬他的爱国精神的动人诗篇还有很多很多。例如，台湾著名爱国诗人、史学家连横的《题〈荷兰约降郑师图〉》中写道："殖民略地日观兵，夹板威风撼四溟；莫说东方男子少，赤嵌城下拜延平。"作者把郑成功誉为顶天立地的"东方男子"，连耀武扬威于我国海上的荷兰殖民者，也不得不拜倒在民族英雄、爱国英雄郑成功的脚下，抒发了中国人民扬眉吐气的豪情。

台南诗人许南英的《秋日谒延平郡王祠》中则讴歌了郑成功开发台湾和建设台湾的丰功伟绩，颂扬了他披荆斩棘的刚毅精神和雄才大略。诗云："一鼓荷兰战则克，寓兵于农教稼穑；惟公具有大经纶，知道足兵先足食。"

诗人蔡国琳的《延平郡王祠题壁》道出了两岸人民对郑成功的怀念："先标忠节没为神，瀚海风涛百战身。"郑成功被尊为"神"，说明他在台湾人民的心目中是拯救人民于水火、济世安民的英雄。数百年来，台湾人民每遇惊涛骇浪、天灾人祸的时候，就到祠堂去祭奠他们心目中的"神"。

在福建厦门、泉州等地，有很多郑成功的史迹和纪念馆。厦门的日光岩有郑成功的营寨遗址。寨门右侧巨石上有著名学者蔡

ZHONGWAIZHANZHENGCHUANQICONGSHU

萝孑孤岛一片忠风凤凤飞舞
鹰陟雄数蔽拆非参与典大
戈武现珠玉公林马军兵月担
北扬帆渡海救征东名将牧筹
教耕残军袭手祝师高风

诗在华郑成功纪念馆作

一九九三年二十二日书於北京

萧克

萧克将军 1992 年为郑成功纪念馆题词

210

元培题的诗："叱咤天风镇海涛，指挥若定镇云高。虫沙猿鹤有时尽，正气觥觥不可淘。"还有蔡廷锴的诗："心存只手补天功，八闽屯兵今古同。当年故垒今犹在，日光岩下忆英雄。"这些诗颂扬了郑成功的丰功伟绩，也反映了后人对英雄的景仰和怀念之情。营寨旁边的宛在亭，就是当年郑成功操练水师的指挥所遗址。今厦门大学校园内的演武亭、演武池和镇北关遗址，正是当年郑军陆师、水师练武和郑成功亲临指挥演练、检阅的地方。

郑成功的爱国主义精神，永远激励着两岸人民反对外来侵略的英勇斗争。公元1894年甲午战争时，清廷卖国投降，把台湾割让给日本。爱国志士邱逢甲，在郑成功爱国精神的鼓舞下，高举义旗，誓死守卫台中。他有一幅对联说："由秀才封王，主持半壁旧山河，为天下读书人，别开生面；驱外夷出境，开辟千秋新世界，愿中国有志者，再鼓雄风。"这幅对联鼓舞着将士们对日本侵略者所进行的不屈不挠的斗争。

两岸人民怀念郑成功，就要弘扬郑成功的爱国主义精神，团结海内外炎黄子孙，促进祖国和平统一大业的早日实现。一切海内外华人都在热切地盼望着这一天的早日到来。

后　记

　　承蒙中国科普作家协会国防科普委员会和《中外战争传奇丛书》编委会的邀请，我承担了该丛书《劈波斩浪逐荷夷——郑成功收复台湾》一书的撰写工作。笔者深感对初、高中在校同学和具有中等文化程度的广大青少年朋友，进行各种中外战争知识的传播和教育是多么的重要，也深深感悟到广大青少年渴求各种知识的强烈愿望，所以欣然接受并完成了这一任务。但是，由于自身学识的浅薄，以及某些知识不足的限制，仍感到有许多疏漏和不当之处，特请名家匡谬指正。

　　在本书的撰写过程中，参考并引用了一些古今中外的文献资料和专家、学者的最新研究成果。前者如《明实录》《明清史料》《明史》《明史纪事本末》《台湾外记》《海上见闻录》《闽海纪要》《郑成功全传》《台湾通史》《荷兰人侵占下的台湾》等；后者如许在全、王伟明主编的《郑成功研究》，邓孔昭著的《台湾通史辨误》，林仁川著的《大陆与台湾的历史渊源》，夏韻芳、张惠民主编的《郑成功传》，毛振发的《登陆台湾岛》等。为了阅读的方便，加之本丛书统一的体例要求及篇幅的限制，就不再一一详细注明，在此特向诸位专家、学者和朋友们深致谢意。

　　中国科普作家协会顾问、常务理事，国防科普委员会主任、本丛书主编林仁华先生和中国军事科学院资深研究员、本丛书主编张辉灿先生，对本书的写作自始至终予以全面的指导和帮助；广西科学技术出版社对本丛书的策划、编辑、出版也付出了辛劳。在此，我一并致以深深的谢意。

作者

ZHONGWAIZHANZHENGCHUANQICONGSHU